Max Goldt · Mind-boggling

MAX GOLDT

'Mind-boggling' – Evening Post

KOLUMNEN NR. 96–108,
SOME OTHER STUFF,
ACHT UNPAGINIERTE FARBSEITEN,
ETLICHE S/W-ABBILDUNGEN
SOWIE ZWEI ZEICHNUNGEN VON
KATZ UND GOLDT

HAFFMANS VERLAG

Klappenbilder aus: »Das schenk' ich Dir«,
Leipzig (o. J.): Rudolf Arnold Verlag

Erstausgabe

Satz: Fotosatz Michel, Gießen
Herstellung: Ebner Ulm
ISBN 3 251 00405 0

INHALT

Mademoiselle 25 Watt und das Verschwinden des Befeuchtens der Finger vorm Umblättern

(Januar 1997)

Elektrisches Licht bescheine mein irdisches Gastspiel. Helligkeit möge machtvoll gleißen allerorten, wo mein Leib sich tummelt. Mögen die Auftragsbücher der Firma Osram genauso brummen wie diejenigen der Firmen, die die billigeren Birnen herstellen, die ich immer kaufe, weil die genauso gut sind. Doch viel Watt muß in den Birnen sein! Einmal hauste ich mitwohnzentralenmäßig in einer fremden Wohnung, und ich fand es immer deprimierend dort. Ich wußte gar nicht warum, bis ich herausfand, daß in allen Lampen 25-Watt-Birnen drin waren. Wie in Ceauşescus Rumänien! Dort waren es sogar nur 15 Watt. Gleich am nächsten Tag kaufte ich ein Dutzend 100-Watt-Birnen, und das trübe Feeling war verschwunden. Die Hauptmieterin meiner vorübergehenden Bleibe taufte ich »Mademoiselle 25 Watt«, als Gegenspielerin zu Monsieur 100 000 Volt, wie man Gilbert Bécaud nennt. Mademoiselle 25 Watt war insgesamt eine rechte Schlunze, so hatte sie z. B. in Bad und Küche überall nur Klebehaken und Saughaken. Wenn man ein trockenes Handtuch an einen Klebehaken hängt, bleibt er vielleicht an der Wand. Ein nasses trägt er nicht. »Holterdipolter« macht es da nicht, auch nicht »klickeradoms«, aber leider gibt es keine allgemein anerkannte Onomatopöie für das Geräusch, das beim Aufprallen eines Handtuches auf einem Kachelboden entsteht. Wobei »aufprallen« ein zu energisches Wort wäre in der wattigen Welt von Mademoiselle 25 Watt. Gott kille den Klebehaken. Man muß bohren, dübeln und schrauben bei strahlendem Licht und nicht kleben und saugen in mattem Gefunzel. Sonst ist man eine Schlunze. Wenn ich mir jetzt nur so, aus lauter Fun an der Fanta, eine Hitparade ärgerlicher Gegenstände aus dem Ärmel schütteln müßte, käme der Klebehaken auf Platz vier. Platz fünf würden sich die 25-Watt-Birne und die Kerze teilen.

Für den Fall, daß mal der Strom ausfällt, sollte man schon ein paar Kerzen unter der Spüle haben. Aber unter normalen Bedingungen hat eine Kerze nichts auf einem Tisch zu suchen. Warum wie Höhlenmenschen essen? Kerzen klekkern die Möbel voll und heizen den Teint auf. Eine an einer Kerze angezündete Zigarette bringt soviel Schaden wie sonst eine ganze Schachtel voll. Die Leute denken, wenn man bei Kerzenschein ißt, dann ist das wie ein romantischer Abend im Restaurant. Daß man aber in Speisegaststätten so erpicht auf Kerzen ist, hat einen ganz einfachen Grund: Bei Kerzenschein sieht man nicht so gut, daß das Geschirr schlecht gespült und das Essen, wie man früher scherzhaft sagte, **adelig** ist, also **von gestern.**

Einmal erlebte ich einen Zusammenprall mit einer unflexiblen Bedienung. Ich hatte mich zu einem Geplauder hingesetzt, da kam die Bedienung mit einer Kerze und versuchte, sie in den Kerzenhalter hineinzuwürgen. Das klappte nicht auf Anhieb. Die Bedienung sagte daher: »Das Lokal ist so voll, würdet ihr das bitte mal selber machen?« Da ich gerade keine Lust hatte, durch Bockigkeit aufzufallen, versuchte ich es eine Zeitlang, stellte aber fest, daß die Kerze zu dick für den Ständer war und legte sie beiseite. Als die Kellnerin die Getränke brachte, sah sie die Kerze auf dem Tisch liegen und rief genervt: »Also, ich hatte euch doch wirklich höflich gebeten, die Kerze hier mal reinzumachen. Es ist so viel los heute abend, da hab ich keine Zeit für so was.« Ich antwortete, das wäre nicht schlimm, ich bräuchte keine Kerze. Da nahm die Bedienung ein Messer, schnitzte die Kerze unten dünner, knallte sie in den Ständer, zündete an und schrie:

»Mein Gott, in diesem Lokal steht nun einmal auf jedem Tisch eine Kerze.«

Meine Meinung zu Kerzen: alberne, weibische Romantikroutine. Folgeschaden von jahrelanger Lektüre von Frauenzeitschriften. Allerdings bin ich im Kreise derer, die mir lieb sind, der einzige, der diese Auffassung vertritt. Trotzdem kann ich garantieren, daß meine Meinung die schönste Meinung ist, die man zu diesem Thema haben kann. Das Allerschönste aber ist, und hier mischt sich ein heller Klang wie Lavendel in meine Stimme, daß all die Freunde und Bekannten, die Kerzen tiptop finden, trotz meiner strengen Meinung nicht stoppen, mich nett zu finden.

Platz 3 in meiner kleinen Hitparade ist der Edding-Stift. Dies ist ein schlecht in der Hand liegender dicker Stift mit Metallmantel, der, soweit ich mich entsinne, dumm klickert, wenn man ihn schüttelt, weil er eine dumme Klickerkugel enthält. Es ist scheußlich, einen Edding in die Hand zu nehmen. Macht man die Kappe ab, ist es so, als wenn man von einem schrecklichen Lederimprägnierspray eingenebelt wird, das man nur auf dem Balkon benutzen darf. Beim Schreiben macht der Edding-Stift Geräusche, wie wenn zwei auf einem witzig gemeinten alten Bett bumsen. Künstler, die einen Edding benutzen, verweisen auf das satte Schwarz, das er zu Papier bringt. Nichtkünstler, die mit Edding schreiben, sind m. E. abgestumpfte alte Stinkferkel. Wenn ich jemanden mit einem Edding-Stift sehe, haue ich ihm auf die Pfote, da macht es »Patsch«, und der Edding fällt auf die Erde. Jeder sollte so handeln.

Ich habe einen Künstlerfreund, der in einer Künstler-Frauen-WG wohnt, und einmal hatte das Atelier-Haus, wo die WG drin ist, Tag der offenen Tür. An diesem Tag kamen natürlich auch viele Freundinnen der Künstlerinnen ins Atelier, und unter diesen waren auch einige Wickelrockschlunzen. Eine von diesen hatte die Idee, meinen Künstlerfreund zu bitten, ihre Seele zu zeichnen, worauf die anderen Schlunzen riefen: »Au ja, meine auch!« Mein Freund fügte sich, und die Frauen waren wie trunken vor Verzückung. Das Pikante ist aber nun, daß der Künstler ihre Seelen mit einem Edding gezeichnet hat. Aus Lust an der Bosheit, nehme ich an. Unter einer Seele stellt man sich ja gewöhnlich etwas Zartes und Verletzbares vor, und dies zart zu Denkende mit einem quietschenden und stinkenden Stift zu zeichnen, der einen dicken, harten Strich erzeugt, ist schon etwas bösartig. Die Frauen waren aber Schlunzen in direktem Wortsinn, und keine bemerkte die Inkongruenz.

Platz zwei meiner Parade unsympathischer Gegenstände ist »die gute alte Audiokassette«. Wenn man auf so einer mal ein bestimmtes Stück sucht, dann muß man zurückspulen, und das dauert ewig, und dann muß man horchen, wo man ist, und feststellen, daß man doch nicht genug zurückgespult hat, dann spult man wieder, und dann hat man viel zu weit gespult, dann muß man wieder vorspulen, und eh man sich's versieht, ist man ein alter Mann und schreibt Bücher namens »Nachdenken über Deutschland«. Das ist doch kein Leben. Nein, per Knopfdruck oder von mir aus auch per Nadel ein Stück direkt anwählen, das ist ein Leben. Alles andere ist Dritte Welt. Dort gibt es ja nur Kassetten, aber daß dieses antiquierte, Musik zu leierndem Grollen verzerrende Slum-Utensil im modernen Mitteleuropa noch so verbreitet, ja sogar beliebt ist, kann ich gar nicht begreifen. Jetzt versucht die Industrie ja einen zweiten Anlauf, die MiniDisc durchzuprügeln. Da drücke ich der Industrie aber beide Daumen, daß es diesmal gelingt. Haben Sie schon mal der Industrie die Daumen gedrückt? Macht Spaß! »Sony, du wirst das schon schaffen! Laß dir nicht die Butter vom Brot nehmen, Panasonic!«

Eine bestimmte Art von Kassetten liebe ich indes sehr, nämlich solche, auf denen Jugendliche vor 20 oder 25 Jahren Poplieder aus dem Radio aufgenommen haben. Oft eiern diese Kassetten stark, zwischen den Stücken sind dicke, dumpfe Knacksbrocken, und ab und an finden sich ein paar Moderatorenworte, welche aber jäh abgewürgt wurden. Manchmal haben die Leute zur Aufnahme einfach ein Mikro vors Radio gehalten, die Luft angehalten und gedacht: »Hoffentlich betätigt Mutti jetzt nicht die Klospülung«, und dann hört man, wie die Mutter ins Zimmer kommt, und wie der Jugendliche schreit: »Mensch Mutti, spinnst du, ich nehme gerade das neue Lied von Grand Funk Railroad auf!« Ich habe noch einige giftgrüne Agfa-Kassetten, auf denen ich auf der Mittelwelle den englischen Service von Radio Luxemburg aufgenommen habe, weil es dort die aktuelleren Liedchen gab. Ich denke, es wäre eine kluge Entscheidung, diese Kassetten auf CD zu veröffentlichen, denn es handelt sich um ein authentisches volkskundliches Zeugnis. Musikrezeptionshistoriker würden sich mir dankend die Finger lecken. Alle Leute haben nämlich damals Musik aus dem Radio aufgenommen, aber meine Kassetten waren besonders schlampig, und sind daher besonders authentisch. Mitten im Lied die Pausentaste gedrückt, während der Aufnahme den Sender gewechselt etc. Heute nehmen nicht mehr so viele Leute Musik aus dem Radio auf. Es ist rezessives Brauchtum.

Ich bin voll Gottvertrauen, was den Siegeszug der MiniDisc angeht. Sie wird nicht den Weg gehen, den die DCC-Kassette gegangen ist, die Quadrophonie oder die Eight Track Cartridge. Dies war eine bespielte Audiokassette, die etwa so groß wie ein Stück Butter war. Es war aber nur wenig Musik drauf; Alben waren oft gekürzt. Kein Mensch kann sich heute mehr an die Eight Track Cartridge erinnern. Oder an die Fotos mit Tonspur hintendrauf, die es ca. 1980 gab. Man konnte einen Satz auf das Foto sprechen und das Bild zwecks Tonwiedergabe durch eine erbärmliche Apparatur ziehen.

Auch außerhalb der Unterhaltungstechnik betrachte ich voll Anteilnahme das Verschwinden der Dinge. Noch in meiner Kindheit haben die Leute, wenn sie eine Gastwirtschaft betraten, ihre Jacken an einen Kleiderständer gehängt. Heute türmen sie ihre Mäntel auf freien Stühlen oder knautschen sie in irgendeine Ecke. Sogar alte Leute, die ja früher mal Spezialisten dafür waren, was sich ziemt, machen das heute so, so daß in Lokalen oft eine gewisse Evakuierungslageratmosphäre herrscht, die in einem interessanten Kontrast zu dem durch den Kerzenschein angezeigten Wunsch nach Feierlichkeit steht. Mir soll es nur recht sein.

Erst recht recht ist mir das Verschwinden des Befeuchtens der Finger vor dem Umblättern der Zeitschrift. Wenn Frauen in meiner Kindheit Illustrierte lasen, haben sie vor dem Umblättern kurz die Zunge rausgestreckt und damit den Zeige- und Mittelfinger der rechten Hand (in der linken war die Zigarette) naßgemacht, vermutlich damit die Zeitschriftenseite an den Fingern klebenblieb. Ich war ja in meiner Kindheit von super-authentischen Sixties-Schlampen umzingelt, von genau solchen, die zwanzig Jahre später auf den Plattencovern der »Smiths« waren. Bei den Lesezirkel-Illustrierten in Frisiersalons waren die unteren Ecken immer ganz feuchtgespeichelt. Oder die Bibeln im Nonnenkloster. Ich kann Zeitschriften auch mit trockenen Fingern ganz gut umblättern, und andere wohl inzwischen auch. Ich habe schon lange keine Fingerbefeuchterin mehr gesehen. Oh, wo sind sie hin, die Sixties-Schlampen? Dahingerafft auf dem Felde der Ehre? Ach was, sie sitzen in heruntergekommenen Frisiersalons, in Vororten, an Ausfallstraßen, tragen Damen-Jeans mit maschinell draufgestickten Vergißmeinnicht, rauchen und lösen Kreuzworträtsel.

Wenn in einem Kreuzworträtsel stünde »Würdelosigkeit zum aufs Brot streichen«, sieben Buchstaben, dann wüßte ich sofort, das kann nur NUTELLA sein, womit wir in meiner kleinen Hitparade ärgerlicher Objekte auf Platz eins angelangt sind. Traurig werde ich, wenn ich sehe, wie ein Kind ein Nutella-Brot ißt. Da denke ich: »Und es wird wieder mal ein kleines Leben systematisch mit Schleim und Lüge zugekleistert.« Da meine Sixties-Schlampen mir seinerzeit erstaunlich klugerweise nicht nur Coca-Cola (»Bolchenwasser«), sondern auch Nutella vorenthalten haben, ich also nicht schon als Kind süchtig gemacht wurde nach Zucker, kann ich heute unbefangen die Qualität solcher Produkte beurteilen. Normalerweise bin ich sanft wie ein Lamm. Doch ich könnte ja auch mal aufbrausen. Es gibt ja so Juroren, die entscheiden, daß ein Kulturschaffender nun eigentlich genug geschaffen habe, daß er daher nun einen Ehrenpreis »für sein Lebenswerk« erhalten möge. Ich würde möglicherweise ziemlich aggressiv reagieren, wenn ich in extra gekauften Bambiverleihungsklamotten irgendwo einen glitzernden Saal voller Uschi Glase, Ulrich Wickerts und PUR-Sänger betreten müßte und mir dann beschieden würde, ich bekäme für mein Lebenswerk ein Glas Nutella. Also, da wäre ich wirklich sauer.

Bald ist Weihnachten. Da bekommen die Kinder Kassettenrekorder, und am Heiligen Abend wird eine Kassette vollgebrabbelt. »Papa, sag doch mal was.« – »Geh weg mit deinem Ding.« In den letzten dreißig Jahren sind in aller Welt zig

Millionen dieser Heiligabendkassetten entstanden. Ich habe noch nie gehört, daß einer diese Kassetten sammelt oder archiviert. Vielleicht wünscht sich ja einer von den Lesern zu Weihnachten ein ungewöhnliches Hobby. Bitte sehr, da haben Sie eines! Frohes Fest!

Was für den Rockstar das Live-Doppelalbum, ist für die Frau die Doppelbelastung als Hausfrau und noch irgendwas.

Also kochte Cook der Crew

(Februar 1997)

Und ich hatte schon gedacht, so etwas würde in meinem Leben nicht mehr passieren. Hatte mich damit abgefunden, daß dieses Kapitel für mich »abgefrühstückt«, zu Ende sein würde, daß da einfach nichts mehr kommt außer einer endlos scheinenden Herbstpromenade in Richtung ewige Ruhe. Doch eines Tages gongte mir das Leben in die Fresse wie ein perverser kleiner Tisch-Gong und entriß mich dem Sog der Resignation. Etwas Unerwartbares war geschehen: Ein neues Haarshampoo war in mein Leben getreten.

Begonnen hatte der Tag wie irgendeiner. Ich war in die Stadt gefahren, um Sirup zu kaufen. Mehrtägiger Besuch aus Berlin hatte sich angekündigt, und ich war ein bißchen am Hadern wegen der Menge des Sirups. **Berliner und Sirup**, das ist ja eine sehr spezielle Geschichte, die sich keineswegs immer in heiterem Konversationston aufarbeiten läßt, aber um **das** Thema soll es heute ausnahmsweise mal nicht gehen. Ich hatte jedenfalls ausreichend Sirup gekauft, um selbst klischeehaftesten Berliner Besuch zu befriedigen. Für die Rückfahrt in der U-Bahn hatte ich mir ein Käseblatt gekauft. Darin klebte als Werbebeilage eine Probe mit **Teebaumöl-Kurshampoo**. Als Weltumsegler James Cook Australien erreichte, so war auf dem Beutelchen zu lesen, hatte seine Crew von der langen Schiffsreise Hautschwulitäten. Auf dem Schiff hat es bestimmt immer nur vitaminarmen Labskaus gegeben. Das ist nämlich ein altes Seefahrergericht. Steht jedenfalls auf der Dose. Damit hier keine Mißverständnisse aufkommen. Das mit dem Labskaus stand nicht auf dem Shampoo. Also kochte Cook der Crew – ist es nicht schön, in einem Land leben zu dürfen, in dem es Sätze gibt, die mit **Also kochte Cook der Crew** beginnen und weitergehen mit: einen Sud aus dem Teebaum Melaleuca alternifolia, und flugs war die Haut der Crew schön wie dereinst daheim. Je nun, das wird schon stimmen, daß Entdeckernaturen, wenn sie einen neuen Kontinent entdecken, beim ersten Landgang aus völlig unbekannten Pflanzen dermatologische Sude kochen, dachte ich und warf das Pröbchen ins Bad, beschloß dann, ein großes Orgelwerk namens »Cook, der olle Sudekoch« zu schreiben, worauf mir dann aber einfiel, daß ich des Orgelns unkundig bin, weshalb das Orgelwerk leider noch immer unkomponiert ist.

Ich habe in meinem Leben, was Haarpflegemittel betrifft, stets zu einer gewissen Promiskuität geneigt. Mal kaufte ich ölig-fruchtige, mal seifig-cremige, mal teure, mal billige, mal welche mit Conditioner, mal welche ohne, und trotzdem: Es gab in meinem Leben eine große Kontinuität betreffend die Zufriedenheit mit dem Pflegezustand meines Haars. Ich will hier nicht mit dramatischen Lebensbeichten schocken, doch ich vertraue auf die Reife der Leser und erkläre hiermit ohne Gongen und Heischen, daß es Phasen in meinem Leben gegeben hat, in denen es mir vollkommen gleichgültig war, womit ich mir die Haare wusch. Dem primitiven Reinlichkeitstrieb hörig, ließ ich Shampoos, deren Namen ich kaum kannte, gierig schäumend an meinem Körper herummanipulieren. Härter noch, ich genoß das lüsterne Schäumen sogar, und nach erwiesenem Dienst duschte ich den Schaum einfach weg, als ob nichts gewesen wäre. »Tschüß«, sagte ich, und startete mein auch sonst oft sittenloses Tagewerk.

Dann tagte jedoch plötzlich jener Morgen, an welchem ich dachte: »Ich wasch mir heute mal die Haare mit dem Pröbchen, sonst liegt das ewig da rum.« Schon bald nach meinem männlich markanten Aufreißen des sympathischen kleinen Kunststoffbeutels fuhr mir durch den Kopf, was ist denn das, so riecht man doch nicht als Shampoo, das ist ja bizarr, doch als der Schaum seinen Siegesgalopp durch die Weiten meines zeitlosen Herrenhaarschnittes angetreten hatte, wußte ich: Hier hat eine Suchtsubstanz ihren Suchttyp gefunden, nie werde ich diesem Shampoo untreu werden. Man müßte ein mondsüchtiger Biedermeierpoet, ein wahnsinniger Baßmandolinenspieler sein, um diesen Geruch zu beschreiben, so anders und fremd, aber hoffen machend ist er. Es ist ein Geruch, den vermutlich die meisten Menschen als eher unattraktiv empfinden würden, da ist etwas medizinisches drin, eine zarte Komponente altsowjetischer Desinfektion. Es gibt ja Leute, die auf recht außergewöhnliche Gerüche freudig reagieren, auf Teer oder weiblichen Angstschweiß. Zu diesem Kreis rechne ich mich nicht, aber zu jenem, der die Gerüche, die aus einem Body Shop heraus in die Fußgängerzone dringen, als kindisch, albern und unfein empfindet. Ich wäre vielmehr ein Käufer eines Parfums, das zu 10% nach Papier, 10% nach neugekauftem Teppich, 10% nach Krankenhaus, 10% nach Walnuß, 10% nach welkem Rhabarber, 5% nach Ziegenbraten, 15% nach einem mit Poliboy polierten alten Schreibtisch, 10% nach Moschus und zu 20% nach einer von einem sympathischen und ungebildeten Mann zweieinhalb Tage lang getragenen Unterhose riecht. So riechen die Produkte der Teebaumöl-Pflegeserie allerdings nicht. Man stelle sich eher ein oppositionelles Geheimhospital im Buenos Aires der vierziger Jahre vor. Daß dort schikanöse Ohrenoperationen an entführten Angehörigen rivalisierender Contra-Gruppen durchgeführt werden. Daß die Operationsinstrumente vor dem Eingriff **zum Schein** desinfiziert werden. Nach diesem Schein-Desinfektionsmittel riecht das Teebaumöl-Shampoo. Doch ich fürchte, das ist nicht ausreichend gut beschrieben. Stellen Sie sich lieber mal die alte, finstere Sowjetunion vor, und darin insbesondere die Stadt Magnitogorsk. Magnitogorsk, eine Stadt, in der es nichts als Arbeit gibt, die lichtlose Manifestation des Nicht-Monte-Carlo-Seienden, ein enormes Las Vegas des Schuftens. Und in dieser Stadt ist ein einzelner einsamer Dichter, welcher eines Morgens auf die einzige Anhöhe der Stadt steigt und ruft, Rilke widersprechend: »Hiersein ist **nicht** herrlich.« Diese Szene ist zwar herzerwärmend, aber leider auch geruchlos, so daß sie ebenfalls nicht der Beschreibung des Geruchs von Teebaumöl dienlich ist. Der Versuch, den Geruch in Worte zu kleiden, soll somit für gescheitert erklärt und beendet werden.

Die Rezeptur des also unbeschreiblich duftenden Shampoos stammt von »Laboratoires Hauser, Zürich«. Aha, die Schweiz wieder mal. Das brave Land, das alle streicheln wollen. Die hilfsbereite Miezekatze unter den Staaten Europas. Miez, miez, miez. Das Land, wo die Menschen so höflich sind, daß der Besucher aus dem arroganten Riesennachbarland denkt: »Eigentlich ist das nicht Höflichkeit, sondern nur tolpatschige Servilität.« Sorry, super-sorry, daß da der Rohling aus dem Land, das vieles falsch gemacht hat, so etwas sagt über das Land, wo die Bemühung um die Richtigkeit stets so groß war. Allerdings macht die Schweiz auch wirklich manches richtig: Sie stellt ganz ausgezeichnete Haarpflegeprodukte her! Ein dickes Dankeschön kombiniert mit einem dicken und fettigen Schmatz geht daher an dieser Stelle in das stolze Zürich. Es gibt aber wirklich schlimmere Nachbarländer als die süße kleine Schweiz. Ich kenne einen, der war kürzlich für ein Jahr als Student in den Niederlanden. Er war in einer WG untergekommen, und am ersten Abend bereitete man ihm ein schönes Willkommensmahl im Kreise seiner neuen Mitbewohner. Nach dem Essen holte der Obermitbewohner einen Taschenrechner, drückte eine Weile darauf herum und sagte zu meinem Bekannten: »Dein Anteil ist 15 Gulden und 30 Cent.« Wenn er diese Episode erzählt, rufen immer alle Niederlandekenner: »Typisch!«

Nun aber sei Schluß mit dem Zwicken, Puffen und Gifteln. Man könnte zwar das Piesacken auf die Spitze treiben, indem man z. B. polemisiert, daß der schlechte Ruf der Deutschen in ausländischen Urlaubsorten entstanden ist, weil die Bewohner der Gastgeberländer die deutsche und die niederländische Sprache nicht auseinanderhalten können, aber was soll denn das? Wir wollen doch alle gemeinsam, d. h. wir Deutschen mit der Power der 80 Millionen Fieslinge und rings herum die ganzen komischen Pippi-Länder, wir wollen uns doch alle an den Hüften fassen und in eine feuchtfröhliche Solidargemeinschaft hineingrooven.

Ich bin ein bißchen traurig, weil ich etwas Schlechtes über die Niederländer gesagt habe. Über Tote soll man doch wirklich nichts Schlechtes sagen. Okay, okay, »tot« ist ein bißchen zu maliziös formuliert. Ich war zweimal in den Niederlanden, um mir das mal ein bißchen anzugucken, aber ich finde, eh man sich das anguckt, kann man gleich seine Augen aus dem Fenster werfen. Ich fürchte, ich habe schon wieder etwas Häßliches über unser Nachbarland gesagt. Wie kann man nur so primitiv sein? Solche Entgleisungen darf man natürlich nicht allein dem Autor anlasten. Die Autoren sind doch nur unschuldige kleine Piepmätze, die sich aus der Hölle ihrer Mißempfindungen herauszuschreiben versuchen. Sie sind das letzte Glied der schlimmen Kette. Die wahren Schuldigen sind doch wohl eher diejenigen, die dafür sorgen, daß solcher Buchstabenmißbrauch publiziert wird, nämlich die Verleger! Die muß man zu fassen kriegen. Das Schlimme ist aber, daß diese antiniederländischen Bodenlosigkeiten von einem Schweizer Verlag unter das Volk gebracht werden. Wenn da der niederländische Botschafter angetanzt kommt, um berechtigten Rabatz vorzubringen, verkriecht sich der Verleger in seinem dicken Tresor, und seine Sekretärin sagt zum Botschafter: »Mein Chef ist im Tresor, und den kann ich leider nicht öffnen für Sie, Sie wissen schon: Schweizer Tresorgeheimnis.« Der niederländische Botschaftstrottel glaubt das Schweizer Lügengebrabbel auch glatt, und somit ist bedauerlicherweise gar ein Satz geboren, in dem gleich zwei unserer liebenswürdigen kleinen Nachbarländer beleidigt worden sind. Ich kann aber auch etwas Schönes über die Niederlande sagen, aber dazu muß ich etwas ausholen. Es geht um das Kaffeedosenproblem. Das Kaffeedosenproblem dürfte den meisten Menschen bekannt sein, doch ist es m. E. noch nie beschrieben worden.

Man kann ja Kaffee in Dosen und in Paketen kaufen. Die meisten Leute kaufen zu Beginn ihrer haushälterischen Selbständigkeit einmal Kaffee in der Dose, und dann nur noch Pakete, deren Inhalt später in die Büchse kommt. Beim Umfüllen lockert sich aber der in der Vakuumverpackung zusammengepreßte Kaffee dermaßen auf, daß nicht alles in die Dose hineinpaßt, ein frech über den Dosenrand spähender Pulverberg entsteht und oft auch einiges danebenfällt. Dies ist das Kaffeedosenproblem. Nun aber die Niederlande. Gegenüber dem Hauptbahnhof von Amsterdam gibt es ein schönes Kaffeegeschäft namens Simon Lévelt, und dort wird Kaffee in Dosen verkauft, die genau um das beim Pulverumschütten benötigte Volumen größer als die unsrigen sind. Wenn sich nun jemand anschicken sollte, die Niederlande »Das erheblich kleinere Land mit den etwas größeren Dosen« zu nennen, dann möchte ich vorauseilend betonen, daß das nicht spöttisch, sondern als respektvolle Verneigung gemeint ist.

Auch vor der Schweiz möchte ich mich respektvoll verneigen. Einmal war ich in Basel, und dort sprach mich ein Teenager an. Der Teenager sagte: **Häsch öppis zum Uselaa.** Ich konnte mit den rätselhaften Klängen nichts anfangen. Mein einheimischer Begleiter klärte mich auf, daß der junge Mann mich gefragt habe, ob ich ihm etwas Haschisch verkaufen oder schenken könne. Wohlbemerkt: Die Frage lautete nicht: Haschi Haschli für Teenagerli, oder was auch immer man sich als unwissender Deutscher unter Schweizerisch vorstellt, sondern Häsch öppis zum Uselaa. Die Sprache ist charakterstark, Berge und Seen sind vorbildlich. Ach wenn es doch mehr Schweizen gäbe! Dies dachten sich auch der Schweizer Maler Graff und sein Landsmann, Kupferstecher Zingg, welche im 18. Jahrhundert das Elbsandsteingebirge bei Dresden durchwanderten und von dessen Schönheit so angetan waren, daß sie nicht anders konnten, als diesem Landstrich den Beinamen »Sächsische Schweiz« zu verleihen. »Bei uns ist es aber auch schön«, hörte man es daraufhin vielerorts sagen, und so wurden bald auch eine Fränkische, eine Holsteinische, eine Rheinhessische Schweiz ausgerufen und andere Schweizen sonder Zahl. Nördlich von Wuppertal gibt es gar eine Elfringhauser Schweiz! Und ein Ehepaar in Hamburg hat in seinem Garten eine Tafel aufgestellt, auf der steht Eimsbütteler Schweiz. Die echte Schweiz ist so nobel, für all diese prestigeträchtigen Bezeichnungen kein Geld zu verlangen. Könnte sie aber eigentlich. Ganz schön doof, daß sie's nicht tut.

Angepflaumt. Zu den Schränkchen, wo man eine Mark reintun muß, die man hinterher wiederkriegt, geschickt. Kriminalisiert. Ausgegrenzt.
(März 1997)

Es gibt doch so viele alte und junge Nazis. Wenn diese Leute einmal in ihrem Leben etwas Sinnvolles machen wollen, dann schlage ich vor, sie möchten mir doch bitte das Mutterkreuz verleihen. Ich habe es allmählich verdient. Kaum ein Tag zieht durchs Land, an dem ich nicht einer jungen Mutter helfe, den Kinderwagen irgendwo hoch oder runter zu tragen. Ich tue das durchaus nicht ungern, doch ich frage mich, warum sie **immer** mich bitten. Manchmal gehen ganze Gruppen von überaus sportlichen jungen Herren vor mir her, doch wen fragen die Mütter? Mich! Inzwischen meine ich zu wissen, woran das liegt. Ich bin Rucksacknutzer aus Gewohnheit, und als solcher wirke ich wohl wie einer, der kein Wässerchen zu trüben vermag. In der Tat sieht man selten Hell's Angels oder Zuhälter mit Rucksack. Überdies habe ich als Rucksackträger meistens die Hände frei, was mich zum Stützpfeiler der streunenden Mutterschaft prädestiniert. Ein anders transportierender Mensch würde vielleicht sagen: »Gerne helfe ich Ihnen, aber dann müßte ich diesen Beutel mit drei Zweiliterflaschen Lambrusco auf Ihr Baby drauflegen.« So etwas wollen die Mütter natürlich nicht hören.

Früher waren Rucksäcke grünlich oder bräunlich, und es waren hartgesottene Eier, Leberwurstbrote, Hühneraugenpflaster und Thermoskannen voll Hagebuttentee darin. Heute haben Rucksäcke alle Farben, und es kann auch alles darin sein mit Ausnahme von hartgekochten Eiern. Das Reisen mit kalten harten Eiern ist heute greisenexklusives Tun. Angehörige schlagender Verbindungen oder lebenslängliche

PDS-Ehepaare nehmen diesen Adenauerära-Snack vielleicht auch noch zu sich. Die Leute aber, die ihre Einkäufe oder ihre Studentenviktualien in aparten kleinen City-Rucksäkken durch die Gegend tragen, essen die Schwefelmief verbreitenden Eier nicht. Als die kleinen Rucksäcke Anfang der achtziger Jahre, ursprünglich als Begleiterscheinung der Fahrrad-Renaissance, aufkamen, wurden sie als Modeerscheinung belächelt. »Wandertag, wa?« spotteten jene, die immer gar nichts Neues mögen. Heute haben sich die Rucksäcke durchgesetzt. Es gibt sogar welche mit Paillettenclowns und Cats-Katzen für die Schnickschnacktantenszeneangehörigen. Was hier gepriesen werden soll, ist jedoch einzig der normale kleine Stadtrucksack. Eine Person, die mit Beuteln eingekauft hat und die Post aus dem Kasten holen will, muß zum Aufschließen des Briefkastens die Beutel auf den Boden stellen, worauf diese möglicherweise umfallen, auf daß Kumquats, Oliven und Cherry-Tomaten in munterem Mix durchs Treppenhaus springen. Dies passiert dem Rucksacknutzer nicht. Er kann auch ohne Mühe sechs Weinflaschen in den vierten Stock tragen und dabei in die Hände klatschen aus Vorfreude auf die Trübsal die Tür weisenden Schoppen. Wer durch das vermiedene Tütenschleppen ohne Schnittwunden auf den Handinnenflächen geblieben ist, ist auch erfolgreicher im Bett. Er kann seine Intimbeziehung streicheln, ohne diese überall mit Blut vollzuschmieren und so abzuturnen.

Auch mit dem Rucksack selber kann man allerhand frivole Spiele treiben. Man stelle sich mal vor, man geht mit seinem Spezi durch sein Viertelchen. Man kommt an einem Grünzeughändler vorbei und kauft eine Pusterwitzer Goldparmäne. Dies ist lediglich ein netter inländischer Apfel. Diesen will man erst später essen. Den Rucksack abnehmen, um den Apfel reinzutun, nervt aber. Also sagt man zu dem Freund:

»Kannst du **ihn** mir mal **hinten rein** stecken?« Mit »ihn« ist der Apfel gemeint, und mit »hinten rein« der Rucksack. Natürlich, was sonst? Aber man kann beim Aussprechen der Frage ja albern und affektiert gucken und superdämlich unterschichtsdummschwulimäßig ablachen. Dies macht beiden Beteiligten viel Freude! Nach einer Weile kommt der Appelhunger. Dann sagt man: »Kannst du mir **ihn** wieder **hinten raus** holen?« Erneut läßt es sich trefflich herumtucken und affig sein.

SOLIDARITÄT *mit den Ärmsten: Maria Jepsen, evangelische Bischöfin in Hamburg, unterhält sich hier mit einem*

Maria Jepsen unterhält sich hier nicht nur mit einem, sondern sie poliert auch einem die Schuhe.

Trotzdem gibt es in allen Winkeln des Landes Rucksackgegner. In Museen z. B. Mit gigantischen Handtaschen, wahrscheinlich randvoll mit Tampons und angebissenen Tafelbirnen, möglicherweise aber auch mit Stichwaffen und Säurepatronen dürfen Frauen durch die Ausstellungen gehen. Niemand kontrolliert sie. Kommt aber ein Mann mit einem vollkommen leeren Mini-Rucksack, den er nur dabei hat, weil er nach dem Besuch der Ausstellung noch Oliven,

Kumquats und Cherry-Tomaten einkaufen möchte, dann wird er angeranzt. Zurechtgewiesen. Kriminalisiert. Zu den Schränkchen, wo man eine Mark reintun muß, die man hinterher wiederkriegt, geschickt. Angepflaumt. Angeranzt. Ausgegrenzt. Ein klarer Fall von Lady-Sexismus. Zwischengeschoben werden soll hier, daß die Cherry-Tomaten immer größer werden. Wenn das so weitergeht, sind sie bald so groß wie normale Tomaten. Narreteien im Gemüse-Zirkus. Nicht weniger närrisch sind die Argumente der Rucksackgegner. Ein Bekannter sagte mir mal, mit einem Rucksack sehe man so schwul aus. Da sprach ich: »Wenn dir einer mit Rucksack schwul vorkommt, dann liegt das nicht daran, daß der einen Rucksack aufhat, sondern daran, daß er schwul ist!« »Ach so!« erwiderte der um eine angezeigte Richtigstellung Bereicherte.

Was sagen die Antisackgestalten noch? Sie sagen: »Wenn man in einen Laden hineingeht, wo es evtl. etwas eng ist, dann kommt man an den Rucksackträgern immer gar nicht vorbei.« Das ist allerdings richtig. Wind aus den Segeln nehmen ist hier problematisch. Aber irgendwie kommt man ja doch vorbei. An einer Frau mit einem dicken Hintern kommt man ja auch immer vorbei. Oder ist etwa schon einmal jemand zwischen einer solchen und einem Tiefkühlregal stekkengeblieben? Eventuell muß man ein wenig warten, bis die Dame Dampf abläßt und an Volumen verliert. Diese Zeit kann man zu leichter Denkarbeit nutzen, z. B. zu Reflexionen über die schrecklichen Jacken, die beständig schwerer werden, weil die Taschen kaputt sind und immer mehr Stifte, Atembonbonrollen, Einkaufswagen-Markstücke und Feuerzeuge im Innenfutter herumwandern, die man nie wieder herauskriegt. Ein Textilchirurg könnte hier helfen, doch Textilchirurgen sind dünn gesät. Man sieht, es gibt immer Gegenstände und Tagesfragen, über die man nachdenken kann in der Zeit, während der man zwischen einer Tiefkühltruhe und einer korpulenten Dame eingeklemmt ist.

Problematisch ist, daß sich Rucksackträger auch in Menschenansammlungen so bewegen, als würden sie keinen Rucksack tragen. Sie denken nicht an ihre Rückenverdikkung. Da kann es schon mal vorkommen, daß ein Rucksackträger einer hinter ihm befindlichen kleinwüchsigen Person das Make-up verschmiert oder die Brille runterhaut. Schön ist das nicht, aber wie viel häufiger kommt es vor, daß ein Kleinwüchsiger bei Regenwetter mit seinen Schirmspeichen einem Größeren achtlos die Augen auspiekst. Die Kleinwüchsigen sollen sich daher wieder einkriegen.

Gewiß muß der Rucksackträger im Gedränge Rücksicht üben. Hier könnte man sich spaßeshalber einbilden, man wäre ein Fernsehpfarrer oder sonst ein lehrreiches Schlichtgemüt, und sich in dieser Verkleidung hinstellen und sagen: »Wer einen Rucksack trägt, der muß **im wahrsten Sinne des Wortes** Rücksicht nehmen, Rück-Sicht mit Bindestrich, denn Rück kommt von Rücken und Sicht von sich umdrehen.« Dies bedeutet, wenn man sich auf dem aus Heinrich Lübkes berühmter Helmstedter Rede bekannten **Marktplatz voller dichter Leute, sehr dicht stehender Leute** befindet, man also nicht gerade allein ist, dann kann man sich nicht aller Vorteile eines Rucksacks bedienen. Man kann in einem solchen Falle nicht mit den Schultern wackeln und so den Rucksack zum Hüpfen bringen, was sonst sehr nützlich ist, wenn man einen Juckreiz verspürt, denn durch das Auf-und-Niederschubbern des Rucksacks erfährt man Wohltat und Linderung.

Ein Rucksackträger braucht keine Kassiererin zu bitten, ihm mal tüchtig den Rücken durchzukratzen. Heutzutage machen das die Kassiererinnen zwar, aber ohne Inbrunst und nur weil sie die ewig gleichen Klagen nicht mehr ertragen können von wegen »Servicewüste Deutschland« und »So eine wie Sie würde man in den USA sofort feuern.«

Nun habe ich so viele Rucksack-Pluspunkte aufgezählt, daß mir der Schädel brummt. Doch weiß ich wohl, daß ich auch weiterhin von Rucksack-Gegnern umzingelt sein werde, welche sagen, das sehe einfach nicht cool aus, da käme man sich ja vor wie ein Grundschüler mit Ranzen, da fehle ja nur noch die Zuckertüte. Dies sind muffige Gedanken aus der Zeit Kurt Georg Kiesingers. Damals wurde bis zur vierten Klasse ein Ranzen getragen, ab der fünften **mußte** man seine Schulsachen in einer Aktentasche verstauen, sonst galt man als Muttersöhnchen oder Orthopädenliebchen. Dieser Irrwitz ist gottseidank verweht. Heute heißt's für alle Generationen von A bis Z: »Lasten auf den Rücken!« Doch die Nörgler ruhen nicht. Im Rucksack würde alles zerknittern und man sei alleweil am Wühlen, weil alles darin verschwinde. Aber wenn man mit ihnen mal einen Ausflug macht, dann ist ihnen der klug Transportierende plötzlich willkommen, und sie sagen: »Kann ich mal meine Kamera bei dir hintenrein tun? Darf ich meinen Ausstellungskatalog in deinen Rucksack stecken?« Sie sind längst durchschaut. Ihre ganze Manie, ihre läppischen Stilbedenken haben nur einen wahren Grund: Sie möchten sich ein Türchen offenhalten, um im Falle eines Karrierekollapses als Sittenstrolch arbeiten zu können. In diesem Milieu gelten Rucksackträger nämlich als unglaubwürdig. Nie liest man in der Zeitung: »Der Täter war ca. 1 m 80 groß, kräftig und bekleidet mit einem hübschen bunten City-Rucksack.« Rucksackgegner wollen sich wie gesagt vorm Hochtragen der Kinderwagen drücken. Der größte Spaß in ihrem Leben ist es zu sehen, wie die Schweißperlen an den Gesichtern überforderter junger Mütter herunterfließen.

Albatrosschnäbel im Hosenstall, Bratschenwitze im Internet

(April 1997)

Wenn man von der rauhbeinigen, aber mit viel urbanem Geschacher angefüllten Proletariermetropole Berlin in die viel freundlichere, aber bei aller Liebe doch etwas ereignisarme Kaufmanns- und Journalistenagglomeration Hamburg gezogen ist, bekommt man von Altansässigen oft Wissensschmonzetten untergeschoben. Leider immer die gleichen. Ob man wisse, warum der Stadtteil Altona Altona heiße. Ächz. Ich kann es schon singen. Weil die Altonaer Bürger sich seinerzeit vom benachbarten Hamburg bedrängt fühlten. All too nah (all zu nah) sei es gewesen. Und ob man schon gehört habe, daß Altona früher mal zu Dänemark ... »Ja, ich habe es schon gehört, daß Altona früher zu Dänemark gehörte!« Wenn mir das noch einmal einer auftischt, dann werde ich ihn fragen, ob er schon gehört habe, daß Eimsbüttel früher zu Alaska gehörig gewesen sei, und wenn der andere dann erwidert, daß dies ja wohl ein Humbug sei, dann werde ich sagen, er solle mir bloß nicht pampig kommen, und ihm eine reinhauen. Oder ob es nicht wahnsinnig komisch sei, daß das **Hamburger Abendblatt** morgens erscheine und die **Hamburger Morgenpost** abends. Ja, sehr komisch, aber ich habe es schon selbst bemerkt.

Noch komischer ist aber, daß es in der berühmten Medienstadt Hamburg, abgesehen von Lokalausgaben von ›Bild‹ und ›taz‹, lediglich diese beiden Tageszeitungen gibt. Das ›Hamburger Abendblatt‹ ist eine grundbrave Zeitung für ältere Menschen im Grünen. So eine, wo bei der Osterausgabe ein Farbfoto von blühenden Blumen auf der Titelseite ist. Wo die Frau Rouladen spickend in der Küche sitzt, und im Radio kommt ein von René Kollo gesungenes Operettenpotpourri. Dann kommt der Mann rein, und die Frau fragt: »Ist das nicht der Pavarotti?« – »Wo?« fragt der Mann. »Der da singt. Im Radio!« sagt die Frau. »Nej, das ist kein Pavarottipotpourri. Das ist doch der, der mal mit der Gitte, nej der Dorthe verheiratet war. Der René Kollo.« – »Ach, der Kollo«, meint die Frau, »der hat aber auch ein wun-der-ba-res Organ.« – »Ja, hat er«, sagt der Mann und geht in den Garten gucken, was die Gurken treiben. So eine Zeitung ist das ›Hamburger Abendblatt‹. Ich habe das, glaube ich, eben sehr gut beschrieben, mit einem Zwinkern im Knopfloch und diabolischem Kreativ-Knoff-hoff.

Die ›Hamburger Morgenpost‹ hat Magazinformat, d. h. man kann sie gut in der U-Bahn lesen. Mit einer klassischen Tageszeitung hat man ja eine Spannweite wie ein Albatros. Neulich kamen Albatrosse im Fernsehen. Wenn sie mit ihren Schnäbeln klappern, hört sich das **ganz genau** so an wie der Applaus bei einer Tennis-Übertragung. Einmal kam auch ein Film über eine sehr kleine Insel, auf der Milliarden von Mücken zu Hause sind. Man sieht die Insel nicht vor Mücken. Auf der Insel wohnt auch ein Vogel, den man ebenfalls nicht sieht wegen der Mücken. Mit einer Spezialkamera wurde gefilmt, wie der Vogel sich ernährt. Von Mücken natürlich. Er rennt einfach mit aufgesperrtem Schnabel einmal um die Insel herum. Danach ist er satt. Man lernt viel aus den beliebten Tierfilmen. Aus der ›Hamburger Morgenpost‹ lernt man hingegen kaum etwas. Aus irgendwelchen traditionellen Gründen genießt dieses Blatt jedoch selbst bei Leuten, denen man eine tiefgründigere Zeitung zutrauen würde, eine hohe Akzeptanz, was dem unvorbelasteten Zugereisten nur ein Rätsel sein kann. Das Blatt liegt selbst in Abhängetreffs mit staatsfeindlicher Klientel aus. Ich habe noch nie eine Zeitung gesehen, in der über soviel Unfug berichtet wird. Wenn man sie einige Zeit liest, bekommt man den Eindruck, der bedeutendste Ort in Hamburg sei eine Discothek namens **Traxx**. Ständig wird berichtet, wer dorthin oder ins **Cave** oder ins **sonstwas** geht, es werden die Namen irgendwelcher keineswegs prominenter junger Frauen heruntergeleiert, es werden ihnen uninteressante Statements (»Ganz schön voll, der Laden.«) entlockt, und fotografiert werden sie natürlich auch.

So ereignisarm ist Hamburg aber nun auch wieder nicht, daß die Tageszeitungen mit Berichten über junge Mädchen gefüllt werden müßten, die abends in eine Disco gehen. Eher rührend ist, daß das ›Abendblatt‹ (das solide Ruheständlerbulletin) das Bedürfnis zeigt, sich in punkto Disco-Journalismus von der ›Morgenpost‹ eine Scheibe abzuschneiden und z.B. zu Weihnachten ein 69zeiliges Gedicht über die Feiertagsaktivitäten in Hamburger Tanz-Clubs veröffentlichte. Zwei Zeilen als Beispiel müssen genügen:

Hier wird gehoust auf Dance-Befehle
von Marcus G. oder Jens Thele

Um die Menschen zu verwirren, will ich noch die ›Berliner Morgenpost‹ ins Spiel bringen. Die ist genau wie das ›Hamburger Abendblatt‹, anders als dies erscheint das Blatt aber nicht morgens, sondern mitten in der Nacht, denn die netten älteren Ehepaare am Stadtrand, die ihr ganzes Leben hart haben arbeiten müssen, weil ihnen ja, wie sie ausführlich zu berichten pflegen, niemals gebratene Tauben in den Mund geflogen kamen, sind es gewöhnt, in nebelgrauer Frühe aufzustehen. Im Radio läuft die Hämmerchenpolka, und Schrippenhälften mit Rotwurst und Kopfsülze wandern in die Münder von der Frau und dem Mann, worauf der zuletzt genannte sagt, nun sei es Zeit, zur Heckenschere zu greifen, denn die Hecke sehe ja schon aus wie die Beatles. Die ›Berliner Morgenpost‹ weiß zwar, daß dies ihre Leserschaft ist, doch im Büro des Chefredakteurs hängt ein Poster von der Alterspyramide, welche ihm Sorgen bereitet, weshalb seine Zeitung auch eine Szene-Seite hat. Diese wird von der alten Dame im Vorort ausgeschnitten und aufbewahrt für Nadine, die fünfzehnjährige Enkelin, die dann immer »Danke, Omi« sagt und denkt: »Bäh, würg, die Szene-Beilage der ›Berliner Morgenpost‹.« Nun sei aber genug behauptet worden über Morgenposten und Lebensabendblätter – so etwas interessiert die Leser ja gar nicht. Die Leute wollen etwas Erbauliches lesen. Sie schätzen Autoren, die einen millionenschweren Schwarm von Mücken so plastisch schildern können, daß man meint, selber dabeigewesen zu sein, wie der Mückenschwarm vom Korridor durchs Schlüsselloch ins Wohnzimmer geschwärmt ist, dann eine Weile um den Kassettenrekorder herum, dann ins Bad und dort mit der vereinten Mini-Muskelkraft eines gigantischen Mückenschwarms die Klobrille angehoben hat. Da kriegen die Leser eine Gänsehaut. Doch auch für Albatrosse herrscht Interesse. Der bereits erwähnte Vogelfilm kam zur besten Sendezeit und hatte eine Quote wie in den sechziger Jahren der Durbridge-Krimi »Das Messer«.

Die Tiere sind aber auch sympathisch. Sie sind ganz ohne Scheu, kommen auf Menschen zu und schnäbeln ihnen am Hosenlatz herum. Sie lassen sich streicheln wie Ponys. Sie können aber auch imposant fliegen. Landen können sie jedoch nicht gut. Immer landen sie riskant auf dem Bürzel. Ein landender Albatros sieht ein bißchen aus wie Liza Minelli, die ~~Umhänge-Keybord~~ Sitzfußball spielt, nur weiß das keiner, weil die wegen des riskanten Bürzeltums nie Sitzfußball spielt. Beliebt sind die feistbürzeligen Meeresvögel auch, weil sie lebenslang mit einem Partner zusammen sind. Solche Tiere zieht der selbst treulose, aber Idealen anhängende Mensch wahllosen Rumbumsviechern vor.

Jaja, das hätte man gern als gehetzter Irrtumsabonnent und Erdengast: Was für bis zum Tode. Doch die Menschheit paßt nicht zueinander. Im Fernsehen sah ich neulich ein drastisches Aneinandervorbeireden, welches ich aufgrund seiner sinnlosen Pracht hier wiedergeben möchte. Thomas Gottschalk hatte Minister Blüm in »Wetten daß« begrüßt. Ich wähle dieses Beispiel nicht, weil ich meine, daß diese beiden bis zu ihrem Tode zusammenbleiben sollten. Wissen muß man, daß in der gleichen Show auch die Bee Gees und David Bowie aufgetreten sind.

Gottschalk: **Bee Gees, Bowie, Blüm. Gab's das schon einmal?**

Blüm: **Die Kleinen sind manchmal die Großen.**

Gottschalk: **Jaja, die Hitparade rauf und runter.**

Hier noch ein Beispiel:

Beispiel 39

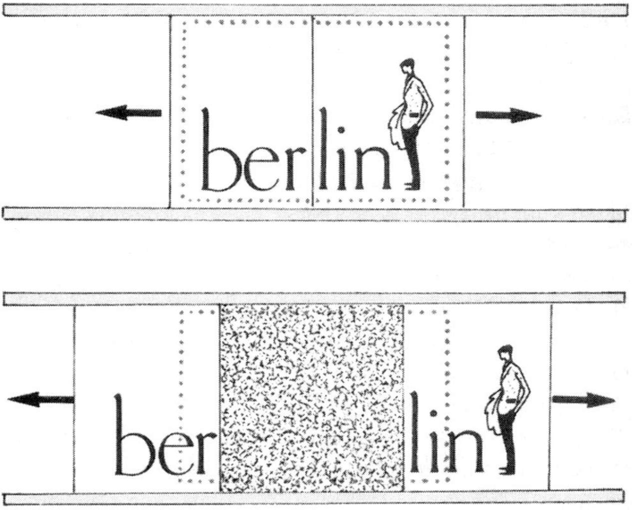

Außerhalb des Fernsehens läuft die Kommunikation noch häufiger nach diesem Schema ab. Zwei Menschen im Restaurant. Der eine erzählt was. Doch es ist laut im Lokal, und der andere versteht vieles nicht. Auch das interessante Aussehen von Leuten an anderen Tischen lenkt ab. Er möchte aber nicht andauernd nachfragen, denn das würde das Gespräch zäh und unerquicklich machen. Er denkt: »Wenn ich andauernd ›Wie bitte?‹ sage, wird die Lust des anderen weiterzuplaudern allmählich versiegen. **Wahrscheinlich ist es eh nicht so wichtig, was mein Gegenüber grad sagt.**« Am Ende des Abends weiß jeder der beiden, was er selber erzählt hat, was der andere erwiderte, das weiß er nicht. Die Hauptsache ist: Man ist zu zweit gesehen worden. Man hat der Welt gezeigt, daß es jemanden gibt, der einen für gut genug hält, sich öffentlich mit ihm zu zeigen. Bloß nicht alleine gesehen werden!

So wird gedacht. Vieles muß erwogen werden, bevor man sich bindet. Ob der Partner ein Mann ist oder eine Frau, ist aber egal. Man höre mir auf mit diesen alten Kamellen und Histörchen. Es gibt nur einen wesentlichen Unterschied zwischen den Geschlechtern: **Männer werden erschossen, Frauen werden erwürgt.** Dieser Eindruck stellt sich zumindest ein, wenn man eine Erkältung hat und sich zu nichts anderem fähig fühlt, als von einem schlechten Fernsehsender zum nächsten zu schalten. Nein, wichtig ist vor allem dreierlei. 1) Gleiches Bildungsniveau, 2) gleiches Finanzniveau und 3) der Rhesusfaktor. Der Rhesusfaktor kommt von den Rhesusäffchen, das sind Äffchen aus Asien, die leider alle erschossen werden müssen, weil sie in den Städten unhygienischerweise die Mülltonnen durchwühlen. Die armen Äffchen! Der Rhesusfaktor bezeichnet den Affenblutanteil in unseren Adern. Nur Leute mit ähnlichem Affenblutanteil dürfen heiraten, sonst fliegen immerfort von Frauenwut betriebene Bodenvasen durch die Räume. Wenn der Rhesusfaktor bei zwei Leuten unterschiedlich ist, dann stimmt halt die ~~Archäologie~~ Chemie nicht, wie man es seit ca. 1990 ausdrückt. Dann kommt es zu unerfreulichen Routinen, z. B. dem **Mahlzeitenreigen der vier Z.** Dies ist einer der dööfsten Mahlzeitenreigen, die es gibt. Er geht so: Zum Frühstück: Zank. Zu Mittag: Zoff. Zum Kaffee: Zwist und zum Souper: Zynismus. Gott bewahre mich und alle braven Leute vor einem dermaßen abturnenden Mahlzeitenreigen!

Aber selbst wenn der Rhesusfaktor in Ordnung geht, gibt es immer menschliche Konstellationen, die zu heikel sind, um ausprobiert zu werden. Ein Zauberer sollte niemals mit einem Dirigenten zusammenleben. Da ist Zermürbung programmiert. Eines Tages ist der Dirigent nämlich in Eile und nimmt aus Versehen statt seines Dirigentenstabes den Zauberstab seines Freundes mit ins Konzert. Und schon passiert das Unvermeidliche: Während des Konzertes kommen weiße Häschen aus den Baßgeigen gehüpft. Dies wäre nicht so schlimm, wenn es bei irgendwas von Mozart für kleine Kinder passierte. Aber es ist ein ernstes Gedenkkonzert in der Gedenkstätte Plötzensee, mit ~~Nick von den Backstreet Boys~~ Ignatz Bubis und so Leuten in der ersten Reihe. O weh, o weh, Karriere erstmal geplatzt.

Übrigens sind auch Orchestermusiker ganz vulgäre Menschen. Man denkt ja immer, ei die klassischen Musiker, die sitzen immer so schön unter funkelnden Kronleuchtern auf roten Samtstühlen mit goldenen Beinen, die sind bestimmt recht edel drauf. Gar nicht! Weil man ja immer irgendwo rumsitzen muß, saß ich einmal in der Kantine des Leipziger Gewandhauses. Es war eine halbe Stunde vor Konzertbeginn. Es wimmelte von Bläsern und Geigern, die sich innerhalb einer halben Stunde zwei bis drei sogenannte Gedecke reinpfiffen, also Bier und Korn. Ihre Lachen waren so drekkig wie ihre Fräcke speckig waren. Sie wirkten wie Müllkutscher mit Geigen. Aber die Musiker sind kaputter als die Müllkutscher. Ein Müllkutscher denkt als Kind ja nicht, daß aus ihm mal ein kleiner Anne Sophie Mutter wird. Doch der Musiker hat immerfort üben müssen, während seine Kameraden in die Disco zum Bolzen gingen, weil er dachte: »Eines Tages wird die Deutsche Grammophon kommen und meinen Namen in mit Silberspray besprühten Styroporstücken über den Broadway hängen.«

Doch die Deutsche Grammophon sagte »Pah«, und was wurde aus dem fleißig Übenden? Ein Tutti-Schwein. So heißen in der groben Sprache des Orchesters die Kollegen, die immer nur spielen dürfen, wenn alle anderen auch spielen, bei Gewitter- oder Kastrationsszenen. Diese vom Karrieregott vergessenen einstigen Musenkinder sind nun die Stinktiere des Orchestergrabens. Kommt ein neuer hoffnungsvoller Dirigent, dann machen sie dem das Leben schwer, indem sie rascheln und nicht machen, was der Dirigent sagt, und indem sie z. B. die Kastrationsszenen makrelig lasch und schmerzlos runterleiern. Zu den Proben erscheinen sie in Kampfhundbesitzer-Pluderhosen. Sie parken in der Einfahrt zur Kinderchirurgie, und wenn der Strafzettel kommt, sagen sie, das soll der Dirigent bezahlen. Wird dieser daraufhin laut, kratzen sie sich mit ihren Geigenbögen am Gemächt und sagen: »Hol doch die Bullen.« Auf ihren Instrumentenkoffern haben sie Aufkleber mit aufklebermäßigem Humor. In den Deckeln ihrer Instrumentenbehälter verwahren sie Fotos von sich selber in der Badehose oder sogar von Hitler. Natürlich haben aber selbst die Tutti-Schweine eine Untergruppierung, die sie noch niedriger als ihre Gesamtheit wähnen und entsprechend auf ihr herumhacken. Diese bedauernswerten Judasse der Orchester sind die Bratschenspieler. Im Internet gibt es eine bei Musikern sehr beliebte **viola joke homepage**, wo sich Dutzende von Bratschenwitzen finden. Diese Witze haben ihre gedankliche Grundlage erstens in der Tatsache, daß sich schnelle Passagen auf einer Bratsche schwieriger spielen lassen als auf einer Geige, zweitens in der unter Klassikspielern anscheinend verbreiteten Meinung, daß Bratschisten zu faul sind, ihre Instrumente zu stimmen und gerne Proben versäumen, und drittens in der irrigen Auffassung, Bratschisten seien dumm und ihre Instrumente zum Erzeugen von Wohlklang ungeeignet. Manche dieser Witze sind eher Insiderspäße, die bei einem Stammtisch von Rohrreinigern wohl nur verzagtes Schenkelklopfen verursachen würden. Z. B.: Was ist die Definition für eine kleine Sekunde? Antwort: Zwei Bratschenspieler, die versuchen, unisono zu spielen. Andere funktionieren wie normale Minderheitenwitze: Was ist der Unterschied zwischen einer Bratsche und einer Zwiebel? Antwort: Niemand weint, wenn man eine Bratsche zerschneidet. Mein liebster ist der folgende: Warum kann man auf einer digitalen Aufnahme Bratschen nicht hören? Antwort: Weil die digitale Technik alle überflüssigen Geräusche eliminiert. Diesen Witz mag ich gern, weil sowohl die Frage als auch die Antwort den Tatsachen diametral entgegenstehen. Man kann Bratschen auf CDs sehr gut hören, und digitale Aufnahmetechnik nimmt gnadenlos alle Geräusche auf, auch überflüssige. Wenn z. B. bei einer Live-Aufnahme die Hasen aus den Baßgeigen springen und auf dem Kopf von Ignatz Bubis landen, dann kann man später auf der CD sehr gut hören, wie Ignatz Bubis »Aua« ruft. Womit ich wirklich nicht sagen will, daß die Äußerungen von Ignatz Bubis überflüssige Geräusche sind. Ich will betonen, daß ich mich in einer solchen gedanklichen Landschaft fremd fühlen würde! Man muß heute ja auf der Hut sein. Leicht wird man in die rechte Ecke gestellt. Aber man wird doch wohl in

Deutschland noch sagen dürfen, daß ein Brahms nicht dadurch künstlerische Veredelung erfährt, wenn im Hintergrund ein noch so verdienstvoller Politiker sich über das Vorhandensein von Hasen auf seinem Kopf beklagt. Gottseidank ist das alles einigermaßen unrealistisch. Hasen können nicht aus Baßgeigen herausspringen! Sie kämen nie durch die engen F-Löcher durch. Die Hasen würden verhungern! Die armen Hasen!

Affige Pizzen

(Mai 1997)

Als Kind dachte ich, ein schönes Leben könnte man führen, wenn man Alexander hieße. Die Buben in meiner Altersstufe, die Alexander hießen, waren insgesamt recht fein und vornehm, sie spielten Cello, gingen aufs Altsprachliche, sahen gut aus und hatten chice Pullis und ultramoderne Mütter, die rauchend die Tür öffneten, wenn es klingelte. Als Erwachsener weiß ich, daß meine jugendliche Ahnung in bezug auf den Namen Alexander nicht falsch war. Alexanders bewohnen bombastische Altbauwohnungen oder Villen, denn in der Erfüllung ihrer noblen Aufgaben legen sie prächtige Kunstfertigkeit an den Tag, für welche sie die wunderbarsten Honorare verdienterweise ausgehändigt bekommen. Auch Gustav oder Reinhold kann man getrost heißen, denn auch die Träger dieser Namen fallen in beinahe gleicher Weise durch gepflegte Daseinsbewerkstelligung auf. Solche Leute haben zu tun in London oder Mailand, »für einige Tage«, und nebenbei treffen sie sich dort mit Frauen, von denen es heißt, daß sie zu den geistreichsten Frauen Englands etc. gehören. Herrlich: Man steht mit einer der geistreichsten Frauen Londons in einem mondänen Salon voll verschnörkelter Beistelltischchen, man steht so nah bei ihr, daß der Gedanke sich aufdrängt, ihr am Ohr zu nagen, da öffnet sich plötzlich die Doppelflügeltür, und einer der begehrtesten Junggesellen der Lombardei sagt: AHA! (Er meint nicht die norwegische Popgruppe.) Alexanders erleben was. Ein aufregendes Leben haben auch die Träger ungewöhnlicher Vornamen. Ich erwähne dies, weil ich in einem Buch gelesen habe, daß die Träger normaler, durchschnittlicher Namen bei den Mitmenschen besser ankommen, beliebter seien. Naja. Beliebt im Büro vielleicht. »Christian kommt bei seinen Kollegen in der Wurstbude gut an.« Das will ich gern glauben. Wer jedoch nicht im Büro, sondern in Konzertsälen, bei Feingeistern, im Feuilleton der ›FAZ‹ beliebt sein will, der heiße bitte anders. **Tankred Dorst** oder so.

Ideal ist ein äußerst ungewöhnlicher Vorname in Kombination mit einem klangvollen, aber nicht ganz so außergewöhnlichen Nachnamen. Z.B. **Durs Grünbein**. Guter Name, guter Dichter! Oder **Frowalte Pilz**. Die Frau gibt's auch wirklich. Eine Sopranistin, glaube ich. Was auch immer, solche Namen merke ich mir. Professor **Bazon Brock**. Ein Name wie ein juwelenbesetzter Betonbrocken. »Edelsteine sind die Augen Gottes«, stand einmal auf einem Kalenderblatt. Darunter stand »Indianische Weisheit«. Es hätte mich aber auch nicht gestört, wenn drunter gestanden wäre »Indianische Doofheit«. Bazon Brock wurde 1969 Ästhetik-Professor in Hamburg und Wien. Das steht immer unter den Bazon-Brock-Bildchen, die Bazon-Brock-Aussagen in den Medien verzieren. Bazon Brock ist kein Mann, über den ich viel weiß. Sicher hat er eine tolle Wohnung. Biblisch teuer und quadratmeterstark. Um von der Küche ins Wohnzimmer zu kommen, muß er ein Taxi nehmen. Er besitzt bestimmt ganz viele 128 DM oder noch teurere Bildbände von Schirmer & Mosel. Die kriegt er nachgeschmissen bei seiner Position. Er hat sich die Bildbände und die Position aber redlich verdient. Immer fleißig, auf Achse und ordentlich. Dem hängt hinten nicht das Hemd aus der Hose. Der hat keine alten Suppenwürfel von der Firma Pottkieker auf der Küchenfensterbank liegen. Dem hängt auch vorne nichts aus der Hose! Der steht nicht mit freiem Oberkörper auf dem Balkon und raucht vom Heizkörperableser geschnorrte Rothändle. Man wird auch nicht Ästhetik-Professor dafür, daß man mit nassen Haaren auf die Straße geht und in die Gelbe

Tonne »rotzt«. Da muß man schon etwas mehr »bringen«. Eine gute Voraussetzung ist immerhin ein etwas eigentümlicher Name. Wer Torsten Böhme heißt, wird vielleicht ein gefragter Computerheini, aber eine Ästhetikprofessur kann er sich von der Backe wischen.

Gerwald Rockenschaub muß man heißen. Dann wird man Künstler. Wenn zwei Leute im Café sitzen und draußen geht Gerwald Rockenschaub vorbei, dann wird später im Pyjama ins Tagebuch notiert: »Gerade als ich den Mut gefunden hatte, Natalie darauf hinzuweisen, daß sie auch nicht mehr die Jüngste sei und keinen Anlaß habe, sich über Matthieus und Cathérines ach so seniles Verhalten während der Erotica-Versteigerung an der Möhnetalsperre zu beklagen, ging draußen Gerwald Rockenschaub vorbei.« Wer so heißt, der fetzt, der schockt von Natur aus, der ist zum Supersein erkoren. Sein Leben ist ein Gefauche. Mir fällt auf Anhieb nur eine Person mit langweiligem Namen ein, die etwas Knalliges geworden ist: Sabine Meyer, die berühmteste Klarinettistin der Welt. Die ist aber auch süß. Alle anderen heißen ja doch eher **Bibs Hoisak-Robb**, die Designerin der Kreuzung zwischen Löffel und Gabel, des Göffels.

Manchmal reicht schon ein einziger Buchstabe, um einen Namen chic werden zu lassen. Es gibt einen Mann namens **Nathias Neutert**. Nathias statt Mathias. So wie Griedrich der Große (erfunden) oder Jonica Jahr (echt, Klatschkolumnistin). Was Nathias Neutert macht, weiß ich gar nicht. Ich kenne nur den spektakulären Namen. Ich glaube, der sitzt irgendwo in einer duften Altbauwohnung, und wenn etwas passiert auf der Welt, Vulkanausbruch oder soziale Wirren, dann wird er telefonisch gefragt, ob er das Ereignis bescheuert oder klasse findet, und dann sagt er das und kriegt einen Batzen Zaster überwiesen.

Nachts um drei bekommt er Hunger auf Würstchen, aber es sind keine Würstchen im Haus! Da schickt er seine wahrscheinlich bildschöne Frau zur Tankstelle, ihm welche zu holen. Nach einer Stunde kommt die Olle ohne zurück, denn die Tanke hatte zu. Ihr Mann verkloppt sie aber keineswegs, denn er ist ja nicht der tote SPD-Vorsitzende Erich Ollenhauer, sondern Nathias Neutert, und der nimmt seine Schöne in den Arm und sagt: »Verzeih, meine Liebste, daß ich dich in morscher Nacht bei minus 35 Grad im Schatten im Übergangsmantel mit nichts darunter zur Tanke schickte, aber wir Männer sind halt manchmal wilde Tiere, und deswegen liebt ihr Frauen uns doch so.« Ich will hier zwischenschieben, daß ich hier wieder mal gar nicht recherchiert habe. Ich weiß überhaupt nichts über Nathias Neutert. Es wäre mir entsetzlich peinlich, wenn unvorteilhafte Verwicklungen dazu führten, daß Nathias Neutert diese Zeilen in die Hände kriegt. Augenblicklich bemächtigt sich meiner eine vorauseilende Errötung betreffs meiner zurückliegenden frechen Erfindungen. Andererseits fühle ich mich presserechtlich wie im siebten Himmel, weil ich glaube, es ist nicht gegendarstellungspflichtig, über jemanden zu behaupten, daß er seine Frau unvermöbelt läßt, insbesondere dann, wenn er evtl. eh keine Frau hat. Das wäre presserechtlich ja quasi der achte Himmel, wenn man behauptet, daß jemand seine schier gar nicht vorhandene Gemahlin nicht schlägt.

Nachdem nun also Frau Neutert als wurstlose Unvermöbelte an die Brust des Gatten sank und Entschuldigungen erschollen, wird bei Joey's Pizza eine Mandarinenpizza bestellt, worauf die beiden in der Küche sitzen und die Pizza aufessen, womit nun aber Schluß mit den teuflischen Unterstellungen sein soll. Ich kenne den Mann ja überhaupt nicht, und seine Frau ist mir terra incognita, eine Gegend, die noch nie der Fuß eines Menschen berührte. Außerdem schwebt ja noch immer die graue Wolke einer Möglichkeit durch die Republik, daß Nathias Neutert gar keine Frau hat. Armer Kerl. Und wenn er doch eine hat, dann will ich sie gar nicht mit den Füßen berühren. Das würde ihr evtl. nicht behagen. Ich sah mal ein Heftchen, in dem waren nur Amateurfotos von Frauenfüßen, auch von schmutzigen und angeschwollenen. Da es diese Heftchen in Sexshops gibt, fallen sie wohl in den Bereich der Pornographie. Ob man sich wohl strafbar macht, wenn man ein Magazin herausgibt, in denen Fotos von unbestrumpften Kinderfüßchen zu sehen sind? Ist das Kinderpornographie? Es käme vielleicht auf das Zielpublikum an. Ob man die Kinderfußbilder veröffentlicht, damit alte Frauen Strümpfe für die Füßlein stricken oder damit alte Männer sich einen darauf absabbern. Fort mit diesem unschönen Gedanken. Es ist schon unschön genug, daß es bei Joey's Pizza mit Mandarinen belegte Pizzen gibt, jedenfalls zur Zeit dieser Niederschrift. Ein Bringdienst-Evergreen dürfte das nicht werden. Eher ein Spaß für gutsituierte Fieslinge: Jemandem, den man nicht leiden kann, mitten in der Nacht eine gewaltige Jumbo-Pizza für zwei Personen, ein veritables Wagenrad ins Haus zu schicken, **nur mit Mandarinen** belegt. Noch ein armer Kerl.

Die Continuity will, daß ich hier von einer weiteren Pizza berichte, welche ich kürzlich bei einem maßvoll angenobelten Italiener nicht ganz aufaß. Die Pizza war belegt mit einigen Normalo-Belägen, zusätzlich auch mit einer Reihe kalter Lachsscheiben, und auf den Lachsscheiben war Schlagsahne. Dies war die affigste Pizza meines Lebens, und man glaube mir: Mein Leben war nicht arm an affigen Pizzen. Affige Pizzen säumten die steinige Straße, die in meine dornige Gegenwart mündet. Dem Vergnügen zuliebe habe ich mir neulich ein Gericht ausgedacht, welches zwar affig ist, aber vermutlich sehr wohlschmeckend, andererseits aber so arbeitsaufwendig, daß es wohl niemals auf irgendeiner Speisekarte auftauchen wird: **Mit Spinat gefüllte Johannisbeeren.**

Überall angeboten wird hingegen seit neuestem Victoriabarschfilet. Früher gab es nie Barsch. »Barsch für alle« ist ein Ruf, der bislang selten in deutschen Gastwirtschaften ertönte. Nun aber aus heiterem Himmel volles Rohr Barsch landauf, landab. Ich fragte eine Fischverkäuferin, ob der Victoriabarsch aus dem Victoriasee in Afrika stamme, da meinte die: »Muß er ja wohl.« Ich finde, bevor das deutsche Volk den Victoriasee leermampft, sollte es lieber mal nachgucken, ob im Titisee Titibarsche sind und erstmal die essen. Oder folgendes Gericht: Schnecken mit Austern und Würstchen. Doch nun wird mir übel. Ich will an die Luft!

Die Luft in Hamburg ist sehr gut. Es ist die beste Großstadtluft des Kontinents. Wenn man für einige Tage in Berlin war und nach Hamburg zurückkehrt, muß man sich im Badezimmer nackt ausziehen und sich einige Minuten schütteln, damit die Pickel von einem abfallen, die man von der Berliner Luft bekommen hat. Man kann sie mit dem Kehrblech dann hübsch aufkehren. Die Hamburger Luft ist dermaßen gut, daß eine Frau namens Gudrun keinen Mann findet. Denn wer will bei der guten Luft einen Namen rufen, der keine Vokale außer zwei U enthält, ein Laut, bei dem man den Mund kaum öffnen muß? An der Alster möchte man Frauen heiraten, bei denen man den Mund möglichst weit aufsperren muß, wenn man sie ruft, um auf diese Weise möglichst große Konvolute der guten Luft einzuatmen. Barbaras werden in Hamburg vom Fleck weg geheiratet. »Barbara, mach deinem Mann Bananen-Rhabarber-Marmeladensalat«, tönt es oft durch Hamburger Straßen. Dies vergleiche man mit dem Wort **Kulturbundschulung**. Dies ist vielleicht das einzige echte deutsche Wort mit fünf U, also ein Wort, das tatsächlich in allgemeinem Gebrauch war, und zwar in der DDR. Mit dieser ist es auch untergegangen. Die Leute werden denken, der Begriff verschwand, weil der durch ihn bezeichnete Gegenstand nicht mehr existiert. Dies glaube ich nicht. Ich glaube, das Wort verschwand, weil durch den industriellen Zusammenbruch im Osten die Luft besser wurde und die Menschen dort solche Mümmelwörter nicht mehr brauchen. Wer solche Zusammenhänge bezweifelt, der soll doch mal nachts auf die Straße gehen und sich von Verbrechern überfallen lassen. Die Verbrecher hauen einen nieder und legen einen so auf den Boden, daß sich der Mund direkt vor dem Auspuff eines Autos mit laufendem Motor befindet. Weil es ihrer üblen Natur entspricht, herrschen einen die Verbrecher nun an: »Nenn den Namen irgendeiner Stadt, sonst knallen wir dich ab.« Wer klug ist, sagt: »Ulm.«

Nur ein ausgemachter Trottel würde »Antananarivo« sagen. Denn nicht genug damit, daß da schon vier A enthalten sind, würden die Verbrecher fragen: »Was isn det?«, und man muß antworten: »Hauptstadt von Madagaskar«, und schon ist man kohlenmonoxidhalber dahin.

Auto, Ast, Glück. Was will man mehr?

Am besten ist Zürich

(Juni 1997)

Neulich las ich, was mit jenen Weinkorken geschieht, die man zur Korkensammelstelle trägt. Ich dachte eigentlich, daraus würden Pinnwände für Studenten hergestellt oder Sohlen für Plateausandalen. Es ist aber so: Die Korken werden **von psychisch Kranken geschreddert**, aus dem Granulat macht man Dämmstoff für Fachmärkte, und der Erlös kommt spanischen Kranichen zugute. Das klingt erstmal etwas komisch, aber sinnvoll ist es wohl: Das Weintrinken wird zur dreifaltigen Mildtat. In den psychiatrischen Anstalten verstummt endlich der nervende Singsang der Insassen (»Wir wollen schreddern!«), die Kraniche können schön in der Extremadura überwintern, und kein Mensch muß mehr durch ungedämmte Fachmärkte latschen, was ja auch wirklich immer **die** Top-Zumutung schlechthin war.

Korken also in ein Säckchen, und wenn das Säckchen voll ist, Kraniche. Was aber tun mit all den CDs, die auf Zeitschriften kleben, die man geschenkt bekommen oder die man berauscht vom Rat eines Dummen gekauft hat, weil sie mal irgendwo »Platte des Monats« waren. Diesen Kram kann man doch nicht ewig aufheben. Leute, die auf zu hosenmatzige Weise um Coolness bemüht sind, benutzen überflüssige CDs anstelle von Bierfilzen, aber das ist doch nichts, weil die CDs keine Saugkraft haben, obendrein in der Mitte ein Loch. Man kann sie doch aber auch nicht einfach in den Hausmüll werfen, einen grünen Punkt tragen sie ebenfalls nicht, und die Secondhandler kaufen sie einem auch nicht ab, sondern tauschen sie nur gegen andere ungewollte CDs und Gebühr. Sind sie gar Sondermüll? Einmal gab es in Deutschland ja eine gute Situation. Das waren die Tage nach der Grenzöffnung. Es liefen damals so viele DDR-Bürger durch meine Straße, daß ich einfach eine Kiste mit LPs und Büchern auf den Gehsteig stellte, und bald waren sie weg. »Begrüßungsplatten! Begrüßungsbücher!« dachten die DDR-Bürger vermutlich. Diese Möglichkeit der Entsorgung lästiger Tonträger ist von den Mühlsteinen des Weltengangs zermalmt worden. Im Klo runterspülen kann man die lästigen **Silberlinge im digitalen Supersound** (wie es vor zehn oder zwölf Jahren immer in der Werbung hieß) auch nicht, sie überfordern durchmessermäßig das Rohr.

Ins Klo werfen sollte man ja ohnehin nichts, mit Ausnahme von Resten gekochten Essens. Das wird zwar von den Wasserwerken nicht toll gefunden, aber von der Allgemeinheit akzeptiert, denn ein Mülleimer voll Nudelsuppe ist niemandes Tasse Tee. Es gibt eine Frage, die sich in diesem Zusammenhang stellt. **Darf man sich auf Essen entleeren?** Man denke sich mal, man wäre nun dahingegangen, wo der Kaiser zu Fuß hingeht bzw. anders ausgedrückt, dahin, wo sich der Bettler mit der goldenen Limousine hinchauffieren läßt, und hat Essen ins Klo geschüttet. Ein Bettler, der sich zur Bedürfnisanstalt fahren läßt und dort Essen in die Toilette schüttet. Ein starkes Stück! Aber es ist ja nur ein Experiment mit einer Redensart. Man hat nun also geschüttet und durch den Anblick der einen sperrangelweit angähnenden Toilette erlangt die Endverdauung einen Motivationsschub. Muß man nun erst das noch in der Schüssel liegende alte Essen runterspülen? Dies wäre eine Wasservergeudung, wenn man doch eh gleich seine Losung in die Kanalisation entlassen wird. Manch einer mag aber sagen: Man kann doch nicht einfach auf die Gaben Gottes kacken. Dies ist mir zu traditionell gedacht. Der Grund dafür, daß das Essen im Klo liegt, ist ja, daß hier eine Gottesgabe mißbraucht, d.h. zu schlecht oder zur Unzeit gekocht wurde. Sonst wäre das

Essen ja aufgegessen worden. Das Exkrement hingegen ist ein Resultat respektierter Gottesgaben, d. h. sie wurden behutsam zubereitet und daher gegessen. Kot ist eine von der Natur zwingend angeordnete Weiterentwicklung göttlicher Geschenke. Dies könnte eine Paradeformulierung sein, mit der sich ein Ghostwriter dem Klärwerksdirektor zum Betriebsjubiläum empfiehlt, doch es ist nur eine vielleicht allzu glamourös ins Wort gesetzte Wahrheit. Defäkiert ein Mensch auf schlechtes oder ohne Sinn und Bedarf zubereitetes Essen, dann bedeckt ein Folgeprodukt pfleglich behandelter Schöpfung mißbrauchte und verschwendete Gaben. Kann das denn schlimm sein? Nein! Man vereinigt Essen, was war, mit Essen, was nicht sein soll. Es ist ein bißchen wie Hühnchen mit Spiegelei: Huhn, was war, plus Huhn, was nicht sein durfte.

Wem dieser Vergleich nicht schmeckt, der soll ruhig mekkern. Ich höre aber gar nicht hin. Es ist ja nicht zu fassen, wegen was man heutzutage alles kritisiert wird. Ein Mitarbeiter der Zeitschrift ›Gala‹ hat neulich von seinem Überking Schimpfe dafür bekommen, daß er seine **Hose zu hoch in der Ritze** trug. Ein Bekannter von mir ist getadelt worden, weil er in eine Lakritzschnecke gebissen hat. So etwas Furchtbares hätten sie in ihrem ganzen Leben noch nicht gesehen, meinten seine Richter, eine Lakritzschnecke müsse man abrollen und den Faden abknabbern. In die Schnecke beißen – unerhört sei das. Ich selbst werde auch oft ausgeschimpft. Einmal z. B. weil ich die Vorwahl von Manhattan auswendig wußte. So was auswendig zu können sei weltmännisches Gehabe, ganz unausstehlich, wurde mir ausgerichtet. Mir kommt hierzu in den Sinn, daß ich in Hongkong einmal in einem Hotel war, in dessen Telefonverzeichnis die Vorwahl der Antarktis aufgeführt war. Diese Nummer im Kopf zu haben, wäre vielleicht wirklich übertriebenes Kosmopolitengepränge. Andererseits, wenn man ein Girl hat, das in einer Forschungsstation dort arbeitet, ist's schon besser, wenn man sie auswendig weiß. Wäre doch blöd, vor jedem Anruf nach Hongkong fliegen zu müssen, um dort im Verzeichnis nachzugucken.

Einmal wußte ich versehentlich, daß die Alster 54 Kilometer lang ist und daß der Stadtteil Hoheluft-Ost zum Bezirk Hamburg-Nord gehört, Hoheluft-West hingegen zu Eimsbüttel. Was das denn für ein **blödes Reiseleiterwissen** sei, wurde ich angeschnauzt, so etwas habe man nicht zu wissen. Ich gebe zu, daß es sich hier nicht um Hopi-Weisheiten oder um das »geheime Wissen der Frauen« handelt, sondern um Wissen dritten Ranges. Ich hatte halt, bevor ich nach Hamburg zog, ein Hamburg-Buch gelesen, und das Gedruckte stieß auf ein geräumiges Gedächtnis. Mich wundert oft, daß es Leute gibt, die regelrecht stolz darauf sind, nichts über den Ort zu wissen, in dem sie leben. Viele wissen nicht einmal annähernd die Einwohnerzahl ihrer Stadt. Oder ihr Wohnort hat eine Altstadt mit drei oder vier Kirchen, und die Leute wissen nicht mal die Namen der Kirchen. Wie armselig und schäbig. Dabei macht Wissen die Orte wohnlicher. In Bielefeld gibt es z. B. einen heute wenig attraktiven Platz namens Kesselbrink mit einer Skateboardrampe und anderen unspektakulären Sachen. Wenn man aber das Glück hat, mit dem, was man tut, einen lokalhistorisch fanatisierten alten Schnarchsack irgendwie anzusprechen, worauf dieser einem selbstverfaßte Heftchen zusendet, dann weiß man, daß es am Kesselbrink vor vielen Jahren einmal ein **primitives Badeleben in Kübeln und Zelten** gab. Als die das primitive Baden ermöglichende Quelle ihren Geist aufgegeben hat, haben dort **Kosaken ihre struppigen Pferdchen angepflockt**. Wer dies weiß, sieht mettwurstgemästete Westfälinnen in Zubern planschen, und ei, die netten Pferdchen von den feurigen Reitern aus Rußland. Die Reiter könnten ja jetzt feurigerweise die planschenden Westfälinnen in den Badezelten aufsuchen, und dann, ojemine, hätte ich man lieber nichts vorgeschlagen, aber die Kosaken und das Badeleben ereigneten sich ja glücklicherweise nicht zur gleichen Zeit. Wer nichts weiß, der sieht am Kesselbrink nur Autobusse und Skater und ist ein armer linearer Gegenwartswurm, der nie den Kosmos küssen wird.

Wäre man am effektvollen Aufbauschen interessiert, könnte man das Desinteresse an der Vergangenheit unserer Gebiete zu einer **Altvorderenfeindlichkeit** hochstilisieren, und da hätte man eine nette und unschädliche Feindlichkeit. Der Mensch braucht ja immer irgendwelche Gruppen von Personen, die er ablehnen kann, und ehe er sich nur wieder in Sexismus, Ageismus, Bodyismus, Synthesizerfeindlichkeit, Rassismus etc. ergeht, sollte er sich doch der Abwechslung halber in Altvorderenfeindlichkeit üben. Nächtens an die Mauer sprühen: »Die Merowinger hatten, mit Verlaub gesagt, einen Knall.« Oder: »Pah, Goethe! Diese dumme Suppe. Wenn der tatsächlich so schlau gewesen wäre, wie jetzt alle behaupten, dann hätte er sich ja wohl ein Auto konstruiert und wäre damit nach Italien gefahren.«

Ich fahre lieber im Schlafwagen nach Italien. Dies ist ein rares Vergnügen. Ich schätze, 97 % aller Deutschen sind noch nie in einem Schlafwagen gereist. Manch einer staunt vielleicht gar, daß es so was noch gibt. Eine Schlafwagenfahrt paßt gut zu Kaffeemütze, Muff und Messerbänkchen. Diese Sachen gibt es auch noch, aber sie sind wahrlich nicht alltäglich. Ich fahre mit dem viel Zeit sparenden Schlafwagen, sooft es sich anbietet. Es hat etwas Fein-Kontinental-Konservatives, aber auch etwas Lord-und-Ladyhaftes. Die Menschen im Schlafwagen sind oft Inhaber starken Eigenwillens.

Nirgends ist die Chance größer als im Schlafwagen, auf jemanden zu treffen, der Esperanto oder gar Volapük spricht. Man sieht auch neurotische Schauspielerinnen aus schmierigen TV-Serien durch den Gang schleichen. Sie haben Flugangst, pfeifen sich Tabletten ein und bilden sich ein, daß jeder sie kennt. Einmal sah ich eine in einem Morgenmantel aus Steppdeckenstoff mit Pelzkrägelchen. Ich war entzückt! Wer seinem Leben mehr Würze verleihen möchte, braucht sich keineswegs ins Hard Rock Café, zum Bundespresseball, nach Berlin-Mitte oder an sonst einen unvorstellbar aufregenden Ort zu begeben, es reicht völlig aus, die Anzahl der Situationen zu erhöhen, in denen man leicht außerirdisch oder wenigstens blutleer wirkende »Frauen ohne Alter« in Morgenmänteln durch Flure schlurfen sehen kann. Die sich die Handaußenfläche an die Stirn legen und sagen: »Die Nerven, die Nerven«, worauf sie niedersinken und die anderen Leute sagen: »Es sind sicher die Nerven«, und dann kommt ein Arzt in einem Kaminmantel und sagt: »Bien sûr! Es ist ein Nervenfieber!« Solche Dinge kann man erleben. Aber natürlich nur im Schlafwagen, nicht im Liegewagen. Dort ist es ganz schlimm. Zu sechs Leuten schmort man da in einem Abteil, die Leute liegen in ihren muffigen Kleidern auf den Pritschen, manche ziehen noch nicht mal ihre Schuhe aus. Als Kopfkissen nehmen sie mit Zigarettenstangen gefüllte Plastiktüten, nach frischer Luft japsende Hunde mit Hautkrankheiten oder Ballonflaschen mit gärendem Obstwein. Mit den Zähnen versuchen sie, Packungen mit eingeschweißter Dauerwurst zu öffnen und fluchen in zisch- und krächzlautreichen Sprachen, weil das nicht klappt. Wenn man Pech hat, muß man das Abteil teilen mit fünf vollkommen vermummten und sehr korpulenten Muselmaninnen, die schlimmstenfalls die ganze Nacht religiösen Schweinkram brabbeln. Verglichen mit den Zuständen in russischen Gefängnissen sind Liegewagen zwar noch halbwegs akzeptabel, doch wenn man seine seidige Haut liebt, dann muß es ein Schlafwagen sein. Dort befinden sich höchstens drei Personen im Abteil, Vater-Sohn-Gespanne aus Kopenhagen oder französische Denker. Leute, die sich waschen und Ruhe geben. Um eine Nacht im Schlafwagen aber auch wirklich erholsam zu gestalten, bedarf es eines Utensils. Einer Schlafbrille. Die Abteile sind nie ganz lichtdicht, und wenn die Züge durch beleuchtete Bahnhöfe durchbrausen, gibt es flitzende Lichtblitze, die auch durch die Augenlider durchscheinen. Leider ähneln die Schlafbrillen den Regenschirmen: Sie verschwinden gerne. Immer muß man neue kaufen. Dies ist nicht leicht. In Osnabrück versuchte ich es einmal, und es brauchte eine halbe Stunde, bis ich ein Geschäft fand, wo immerhin jemand wußte, was eine Schlafbrille ist. Aufgrund meiner großen Erfahrung weiß ich, daß es Schlafbrillen, wenn überhaupt, in drei Sorten von Geschäften gibt:

1) in Bettengeschäften
2) in Optikerläden
3) in so Läden, wo man falsche Beine oder Katzenfelle für Bandscheibenkranke kauft

Am besten ist Zürich. Dort legte man mir einmal in einem einzigen Geschäft gut zwanzig verschiedene Schlafbrillen vor. Lang lebe daher das abgesehen von seiner Schlafbrillenauswahl wenig zufriedenstellende Zürich!

Ich muß jetzt aber leider noch einen kleinen Wermutstropfen in mein Hohelied auf den Schlafwagen kippen: Die Nachtzüge fahren meistens zwei oder drei Stunden zu früh los. Wer will denn um halb zehn schlafen? Und was soll ein französischer Denker morgens um sechs in München? Und die verrückten Schauspielerinnen haben auch einen ganz anderen Rhythmus. Deren Leben beginnt abends mit durch Zimmerfluchten schwebenden Melodien, mit verstreut liegenden Kissen, dampfenden Samowaren, kostbaren Haarnetzen. So was findet sich nicht morgens um Viertel vor sieben in Dortmund. Daran sollte Bahnchef Dürr mal denken, statt sich jetzt auch noch in den Transrapid reinzuhängen.

Ein Kniff, den schon unsere Großmütter kannten: Wenn alles Leid der Welt auf einem lastet, wenn man denkt, alles sei sinn- und ausweglos, dann ist es immer das beste, man fährt in die Stadt und läßt neue Autogrammpostkarten von sich machen.

Darf man den Herbst duzen?

(Juli 1997)

Ich erinnere mich, daß ich es als älteres Kind häßlich fand, wie die Frühjahrsblumen in Tuschkastengelb und Tuschkastenblau aus dumpfbrauner, noch unbegrünter Krume hervorbrachen. Das vulgäre Geblümel wurde mir auch nicht durch die zähflüssige Scherzhaftigkeit sympathischer, die sich aus den alljährlich wiederkehrenden Gesprächen darüber ergab, wie denn wohl der Plural von Krokus laute. Ich mochte den Frühling nicht. Andere mögen den Sommer nicht recht, weil sie keine Bikinifigur haben oder weil es nicht unwahrscheinlich ist, daß die Wespe, die es sich eben auf dem Kuchen gemütlich gemacht hat, sich noch vor wenigen Minuten in einer Mülltonne voll Hundefutterdosen vergnügt hat. Über den Winter wird eh nur gemault. Manche sind dermaßen jahreszeitenkritisch veranlagt, daß sie sagen, die schlimmste Zeit des Jahres sei diejenige zwischen Anfang Januar und Ende Dezember.

Der gute alte Jet Set von St. Tropez zeigte sich anläßlich des unerwarteten Wintereinbruchs an der Côte d'Azur im Dezember 1996 hilflos und irritiert.

Aber sollte man nicht so freundlich sein, den Herbst hier auszuklammern? Als Rudolf Schock bemerkte, wenn man das Leben durchs Champagnerglas betrachte, erblicke man goldene Gestade aus Brokat, da hatte er sicher den Herbst vor Augen. Alles in und bei uns, jedes Ding und jedes Zeichen tunkt er in gülden bebende Milde. Der Fuß scharrt im Laub, und die Seele scharrt mit. Man wird ganz lyrisch vor Laubeslust. Was im Sommer noch schrie, hat jetzt Melodie, was im Winter nicht kenntlich ist, hat nun einen Namen und ein Gesicht. Im Herbst erst kriegen unsere Schatten, die im Sommer schwammig wirkten, die Kontur von Silhouetten. Der Frühling piepst wie eine Digitaluhr, der Herbst ist die Glanzzeit bewahrter Mechanik. Leis summendes Fieber und seidenes Glück liegen Atem an Atem über den fruchtig erregten Gemeinden. Die Apotheker stellen fünfzig Jahre alte Pilzmodelle in ihre Schaufenster. Jeder normale Mensch bekommt Lust, die Sütterlinschrift zu erlernen. Über den Siedlungen wölben sich nach Zwiebeln und Heimat duftende Glocken. Erstaunlich natürlich wirkende Äpfel kullern die Rollstuhlrampen herunter. Herbst, wir sind gerne zu Gast in deinem Mantel.

Hier schiebt sich eine Unsicherheit zwischen. Darf man den Herbst duzen? Ina Deter sang mal ein Lied, in dem sie Berlin duzte. »Berlin, du New York im märkischen Sand«. Klaus Hoffmann duzte sogar einen Berliner Flughafen. »Tegel, blödes Tegel, du verdammtes Tor zur Welt, Tegel, liebes Tegel, bist die Heimat, ausgezählt«, sang er voll Glut. Die genannten Künstler sind in einer Ära der gesellschaftlichen Lockerungen großgeworden. Sie sind es gewohnt, alles zu duzen. Heute jedoch reagieren manche Menschen auffallend verschnupft, wenn sie meinen, unpassend angekumpelt zu werden, aber auch, wenn sie das Gefühl haben, ein Du, auf das sie glauben Anspruch zu haben, werde ihnen vorenthalten.

Es ist ein Füllhorn der Empfindlichkeiten. Wenn ein 25jähriger Arbeiter von einem gleichaltrigen Studenten gesiezt wird, ist der Arbeiter unter Umständen betrübt. Wird gar ein 28jähriger Techno-Freund von einem 18jährigen Techno-Freund gesiezt, was außerhalb von Liebesparaden schon vorgekommen sein soll, dann kann es nicht schaden, wenn sich im Bekanntenkreis des älteren jemand befindet, der schon mal bei der Telefonseelsorge gearbeitet hat. Es ist erstaunlich, wie heikel dieses uninteressant wirkende Thema ist. Wenn im Jugendlichen-Fernsehen der Moderator den erfolgreichen Rockstar duzt, dann hat das Du des Moderators zum Star meist etwas von unbefugtem Einschleimen und das Du des Stars zum Moderator etwas Herablassendes. Bisweilen merkt man den Gesprächen auch an, daß es beiden unangenehm ist, einander duzen zu müssen, doch würde man auf Sie umschalten, dann fiele der Mythos der Jugendkultur, aus dem solche Sendungen ihre Raison d'être beziehen, jämmerlich in sich zusammen. Ich glaube, mich nicht zu irren, wenn ich denke, daß Raison d'être ein geiler Angeberausdruck ist, aber sehr wohl ein Irrtum ist es, bloße Generationszugehörigkeit für eine anspruchsvolle Kommunikationsbasis zu halten. Unterhaltungen in der zweiten Person grundsätzlich eine größere Easiness zu unterstellen, ist ein zweiter Irrtum. Man bedenke, wie zuvorkommend man in Buchläden gesiezt und wie desinteressiert man in Plattenläden geduzt wird, oder in anderen Etablissements, die aus denkfauler Tradition dem jugendlichen Umfeld zugeordnet werden. Nirgendwo wird man so ungehobelt geduzt wie in Läden, wo man Instrumente für Rockmusik und Elektronik kauft.

Manch einer, der auf meiner Altersstufe steht, beweint heimlich den Umstand, daß er trotz aller Bemühungen, seine Jugend durch Outfit und assimiliertes Freizeitverhalten eigenmächtig ins vierte oder gar fünfte Lebensjahrzehnt auszudehnen, von echten Jugendlichen nicht mehr automatisch geduzt wird. Mir ist das eher egal. Wenn mich ein sympathischer Zwanzigjähriger duzt, dann denke ich: Wie sympathisch, daß er mich dessen für würdig erachtet. Siezt mich ein sympathischer Zwanzigjähriger, dann finde ich eben die höfliche Distanz sympathisch. Sympathisch ist halt sympathisch. Kommt aber ein Unsympathischer daher und duzt mich, dann denke ich: Wenn der mich siezen würde, wäre er mir genauso zuwider. Wenn in solchen Fällen einer Unterhaltung nicht aus dem Weg zu gehen ist, dann meide ich die direkte Anrede und weiche auf neutrale Formulierungen aus. Es hat ja auch nicht so viel mit dem Alter zu tun als mit dem Treffpunkt oder mit der Jacke, die man anhat. In Bioläden wird man bis ca. 50 geduzt, in Lokalen liegt die Grenze oft erst bei 60. Ich kenne Kneipen, in denen man erst fünf Minuten vor seinem Tode gesiezt wird. Großen Einfluß auf das Anredeverhalten hat die Kleidung. Ich besitze Duzjacken und Siezjacken. Auch das Tragen von Doc-Martens-Schuhen erhöht magischerweise die Duzquote. Die Hosen sind eher egal. Eine Bekannte, die einen sehr voluminösen Hund hat, sagte mir, daß sie in Begleitung des Tieres niemals von Fremden geduzt wird. Mir behagte es vor wenigen Jahren, auf dem Feld der Gesichtsbehaarung zu experimentieren. Ich hatte im Laufe der Zeit diverse lächerliche, aber zeitgemäße Bärte. Anfangs dachte ich, die Menschen würden argwöhnisch wispern, wieso ich mir denn so einen komischen Modeheinibart stehen lasse, zumal darin diverse graue Haare zu sehen waren. Es war halt keine lebensfeindliche Monokultur, sondern ein ökologisch wertvoller Mischbart, der einer artenreichen Fauna Lebensraum geboten hätte bei nachlässiger Pflege. Die Menschen tuschelten aber nicht, vielmehr geleiteten mich die paar albernen Haare in einen Kosmos höchster Duzbarkeit.

Es gibt Zwischenformen der Anrede, das sogenannte Berliner Du und das Hamburger Sie. Etwas verpönt ist das Berliner Du, also: »Herr Rutschky, laß doch bitte mal die Scheißhausbürste rüberwachsen.« Die Verpöner sagen, dieses Hintername plus Du, das sei Putzfrauen-Jargon, aber was haben diese Leute denn gegen Putzfrauen? Das Hamburger Sie klingt eher nach Etepetete-Eigenheimvolk. Jil Sander tragende und Lacroix-Suppen hortende Mütter reden so den van-Laack-Hemden tragenden Freund ihrer Tochter an: »Jens-Carsten, ob Sie bitte so liebenswürdig sein wollen, mir mein Brillenetui und/oder die Hartkäsereibe zu reichen?«

Ich bin leidenschaftslos in der Frage, ob man mich duzt oder siezt. Kopfnüsse und Kinnhaken sind von mir nicht zu befürchten. Allgemein ist wünschenswert, die Duzerei auf den Schulhof, die Familie und den Freundeskreis zu beschränken. Es würde die Unannehmlichkeitsquote im menschlichen Miteinander reduzieren. Auch Homos in der Homobar und Fußballer in der Mannschaftskabine sollen einander hübsch duzen. Daß aber z. B. unter Studenten oft noch immer Duzzwang herrscht, sollte mittlerweile als ein schmieriges, höchstens drolliges Rudiment alter APO-Lodderigkeit gewertet werden.

Es gibt einen Bereich, in dem ich eine gewisse Rigorosität für sinnvoll halte. Wenn mich ein mir Unbekannter am Telefon duzt, dann sieze ich so höflich, wie es meine Laune erlaubt, zurück, es sei denn, bei dem Anrufer handelt es sich um ein Kind. Vereinzelt mag sich auch aus einer vermuteten oder tatsächlichen gemeinsamen Angehörigkeit von Metier und Milieu ein Drang zum Genossentum ergeben, doch ein Drang darf keinen Zwang auslösen. War man einmal zu lethargisch gewesen, ein telefonisch aufgenötigtes Du durch freundliches Nichterwidern zurückzuweisen, und man ist einander beim ersten persönlichen Augenschein zutiefst unsympathisch, muß man das Scheusal weiterduzen.* Dann zu sagen, ach, wir siezen uns wohl doch lieber, ist ein gar zu pathetischer Akt. Daher: Am Telefon immer schön siezen. Es gibt Gestalten, auf deren klumpfußige Umgangsformen man nur mit blanker, kalter Autorität reagieren kann, und die ist in der dritten Person leichter an den Mann zu bringen. Es ist demütigend, seine Feinde duzen zu müssen.

Der Herbst jedoch ist nicht mein Feind. Wenn man wie Rudolph Schock oder wie ich auch die Zukunft durchs Champagnerglas betrachtet, ist die Zukunft ein Ballsaal am Boulevard des Mirakels, ein erotischer Pavillon voller Girlanden und Glühbirnen, durch den Frauen mit perlmuttener Haut, die alle Belinda zu heißen scheinen, im Walzertakt tanzend Schalen mit Brötchen und Amethysten lustvoll herumtransportieren. Lauwarm vibrieren die Nerven all derer, die hier Krokant, das ist Brokat zum essen, knuspern dürfen. Die Glücksmomente, die wir nun durchrauschen, sind die Pfauenfedern des Nervensystems. Das Walzerorchester in diesem Ballsaal hat vier Dirigenten. Beginnen tut der Winter, Patriarch in diesem Haushalt. Dann kommt der Frühling, ein zündelnder Geck. Es folgt der Sommer, ein reicher Kaufmann aus Genua. Zuletzt tritt der Herbst aufs Parkett. Er war einst ein gefeierter Künstler. Nun ist er alt, fast taub, und er sieht nicht mehr gut. Alles, was er noch zustande bringt, sind die künstlichen Pilze, die sich die Apotheker in die Schaufenster stellen. Da er, wie gesagt, fast taub ist, bringt es nichts, ihm zu sagen, daß die Modelle den echten Pilzen nicht ausreichend ähneln, und aus dem gleichen

* Als durch und durch unsouverän muß man wohl jemanden bezeichnen, der beleidigt reagiert, wenn man ein aufgenötigtes Du zurückweist oder unbeachtet läßt.

Grunde ist es völlig egal, ob man den Herbst duzt oder siezt. Wie man überhaupt auf so eine Frage kommen kann!

PS: Momentan ist eh nicht Herbst, sondern Sommer, und zwar derjenige, der in die Annalen eingehen wird als **der Sommer der Klumpfuß-Girls**. Letztes Jahr schienen mir die Klumpschuhe noch eine burschikose Grille der Mode zu sein, dieses Jahr herrscht **Klumpschuhpflicht!** Im Sinne der Geschlechtergerechtigkeit ist diese aber zu begrüßen. Männer Wehrdienst, Frauen Klumpschuh. Es ist aber anzuregen, die wenigen jungen Frauen, die sich der Klumpschuhpflicht aus Gewissensgründen entziehen, zu gewissen Ersatzdiensten heranzuziehen. Man könnte sie als »Haftzettelmiliz-Feen« einsetzen. Sie könnten, Zimmerleuten nicht unähnlich, mit einem Bündel durch die Lande ziehen und die Haftzettelchen auf Computermonitore kleben (»Diana, im Kühlschrank sind leckere Brombeeren aus dem Garten von Tante Milli«), auf CDs (»Am besten: Stück 2, 4 und 7«), an Briefkästen (»Es ist geschmacklos, Postkarten in Briefumschlägen zu verschicken«) und an Grabsteine (»Dieses Grab ist aber nicht sehr gepflegt«). Dies ist aber nur ein Vorschlag unter mehreren möglichen.

Zusätzliche Gratis-Buchstaben

Hier einige der schönsten Formulierungen der Moderatoren des Wetterkanals von Himmelfahrt und Pfingsten 1997:

1) Der Freitag vor Pfingsten ist ja traditionell der Tag, an dem das Pfingstwetter eröffnet wird.

2) Lassen Sie sich keine grauen Haare wachsen, was das Wetter in beiden Teilen Deutschlands, aber auch in den Benelux-Staaten angeht.

3) Keine Sorgen haben die Menschen, die in Neuseeland leben. Bei 15, 16 Grad ist es dort, wie gesagt, sehr angenehm.

4) In Richtung Italien müssen Sie sich mit einem wirklich wasserfesten Schirm ausrüsten. Der dicke Pullover dürfte ebenfalls auf seine Kosten kommen.

5) Auch Spanien hat mit einem Tiefdruckgebiet zu kämpfen, was natürlich auch nicht das Ferientauglichste ist.

6) Wer unter Heuschnupfen leidet, kann ganz langsam anfangen, wieder aufzuatmen.

Die Lampen leiden am meisten darunter

(August 1997)

»Ich singe einen Song, denn meine Wohnung hat Balkon«. Dies ist der Name eines aktuellen Knüllers meiner seelischen Charts. Nicht so hoch plaziert ist hingegen der Titel »Ich singe ein Couplet, denn meine Wohnung hat Bidet«. Meine Begeisterung darüber, erstmals im Leben Nutznießer eines Bidets zu sein, ist flachbrüstig. »Hilfe, du hast ja ein Bidet«, rufen meine Gäste, »was machst du denn damit?« – »Noch mache ich gar nichts damit, aber ich bin fleißig am Überlegen.«

Man kennt Bidets ja aus Hotels. Anfangs fragt man sich natürlich, wozu das Ding gut ist; es ist ein bißchen wie die Frage: »Was machen Lesben eigentlich im Bett?« – man stellt diese Frage niemandem, aber irgendwann ahnt man zumindest ungefähr, was Lesben im Bett machen oder wozu ein Bidet gut ist. Es heißt, reinliche Menschen, insbesondere wohl Frauen, würden sich des Abends rittlings daraufsetzen und ihre spezifischen Details abbrausen. Da aber das Becken weder der weiblichen noch sonst einer Anatomie angepaßt zu sein scheint, kann ich mir nicht vorstellen, daß Damen das wirklich tun. Zumal ja dort, wo ein Bidet ist, auch eine Dusche ist, und wenn man eh schon geduscht ist, wäre eine erneute Reinigung der Körpermitte ja doppelt gemoppelt, ein Pleonasmus der Dame. Früher, als die Welt noch nicht von Duschen überwuchert war, mag ein Bidet wohl noch seinen Sinn gehabt haben.

Schon wegen der klanglichen Nähe male ich mir aus, daß sich ein Bidet damals in einem Boudoir befunden hat. So nannte man das Wohnzimmer einer Lebedame. Wenn bei einer solchen ein Herr bimmelte, dann rief sie: »Tout de suite, Monsieur«, und hockte sich erstmal aufs Bidet. Cool war natürlich, daß sie zu diesem Zweck die **Röcke raffen** mußte, und das Rascheln des Röckeraffens drang durch die Boudoirtür zu dem hoffenden Galan, und der dachte: »Mjam, mjam, Dame.« Gut war nun auch, daß die Dame untenrum zwar sauber war, aber obenrum noch »nach Mensch« roch. So eine wurde auch schon in alten französischen Tagen als amourentauglicher eingestuft als jemand, der von oben bis unten nach Fa-Duschgel roch.

Ich glaube aber nicht, daß die Wohnungsbaufirma mir ein Bidet in die Bude gesetzt hat, damit ich obenrum nach alten französischen Menschen rieche, wenn es an der Tür klingelt. Es rafft auch niemand mehr die Röcke. Heute knirscht ein Reißverschluß, und dann heißt es: »Autsch, meine Harley-Davidson-Gürtelschnalle ist mir auf den Fuß gefallen.« Nichts verstehen Rockeraffen heute noch vom Röckeraffen! Und Bauherren wissen nichts über Bidets. Wenn ich mein Bidet seiner Bestimmung gemäß benutzen wollte, müßte da der **Wasserstrahl von unten** auf mich zukommen. Das Wasser kommt aber aus einem gemeinen Wasserhahn an der Kopfseite des Beckens. Ich glaube, da ist ein Bidet, damit die Wohnungsgesellschaft »Top-Ausstattung« in ihre Anzeigen schreiben konnte und City-Toplagen-Mieten verlangen kann. Dabei wohne ich hier doch nur wegen der »Top-Anbindung«. Ich werde hier bestimmt nicht durchexerzieren, was man sich vielerorten unter den Aktivitäten eines City-Toplagen-Menschen vorzustellen scheint: im Abendkleid auf einem gläsernen Flügel fleezen und mit nach oben gerecktem Kopf abwechselnd Saxophon blasen und sich eine Weintraube über den geöffneten Mund halten, so als ob man gleich hineinbeißen möchte, in das ganze »Bündel«.

Es ist erstaunlich, wie oft man noch heute in der Werbung für Lotterien oder sonstige Glück und Erfolg verheißende Aktivitäten über dem Munde baumelnde Weintrauben als Illustration für ein finanziell abgesichertes und erlebnisreiches Leben vorfindet. Dabei ist Wein ein eher billiges Obst. Stachelbeeren sind fünfmal so teuer. Trotzdem sah ich nie eine Darstellung von Reichtum, in der sich jemand eine Schale Stachelbeeren in den Mund schüttet. Diese Früchte haben halt seit alters her die Reputation des Bäuerlichen und Säuerlichen und harmonieren in der Volksmeinung nicht mit polierten Saxophonen. Wenn auf der anderen Seite ein Nahrungsmittel den Ruf des Noblen hat, dann bleibt der Ruf auch ewig bestehen.

Auffällig ist, daß es auf den Frühstücksbüffets selbst guter Hotels selten Lachs gibt. Die Hotelliers wissen nämlich folgendes: Lachs hat noch immer, von früher her, den Ruf einer delikaten Rarität. Daher würden sich die Hotelgäste ihre Tellerchen voll Lachs schaufeln, ganz so, als ob sie sich diesen Fisch zu Hause nicht leisten könnten. Dabei sind die nördlichen Länder heutzutage voller Lachsfarmen, und das Fleisch der Tiere gehört zum Billigsten, was man sich überhaupt aufs Brot legen kann. Die Lachsvermarkter wissen schon gar nicht mehr, was sie mit ihren Fischen anfangen sollen. Es steht schon Lachsquark im Kühlregal. Ich darf verkündigen, daß der Ruf des Lachses bald umkippen wird; man wird ihn in einer Reihe mit Dosenravioli nennen, und wenn mal wieder jemand den garstigen Einfall hat, die Grimmschen Märchen zu aktualisieren, dann wird es heißen: Die Familie war so bitterarm, daß sie ihr Lebtag Lachskanapees essen mußte.

Was tue ich nun also mit dem Bidet? Vorgesehen ist es ja eher für die mit Genital- und Bürzelpflege liebäugelnde Dame. Daß auch Herren an einem Bidet Gefallen finden, scheint man zumindest in Lissabon für möglich zu halten. In der palastartigen Toilettenanlage des dortigen **Museu Calouste Gulbenkian** gibt es sogar in den Herrentoiletten Bidets. In jeder Kabine eines! Man erwartet dort also von Männern, daß sie ihre Hosen raffen und dann ... Aber das geht doch gar nicht! Wenn ein Mann in einer Hose ein Bidet benutzen will, muß er sich ja seiner Hose entledigen. Und dazu muß er auch die Schuhe ausziehen! Natürlich macht das annähernd niemand. Die Herrenbidets in der Museumstoilette werden aber trotzdem benutzt: als Aschenbecher. Auf Frankreichreisen werden die Bidets zur Wäsche von Strümpfen benutzt. Manch einer mag gar der Überzeugung sein, daß dies ihre eigentliche Bestimmung ist. Und jedesmal wird sich gewundert, warum das Ding so weit unten ist, warum man seine Socken kniend waschen soll. Man könnte aber auch eine Heizung darin installieren, einen Eimer Schlamm einfüllen und so in den Genuß eines privaten Blubberlochs isländischer Art kommen. Mein Bidet gluckert bislang nur. Immer wenn ich Wasser aus dem Waschbecken lasse, gluckert das Bidet. Das Gluckern will mir sagen: »Hallo, hier ist die Top-Ausstattung. Hier gluckert deine teure Miete.«

Wenn man eine neue Wohnung hat, heißt das, durch eine Phase harter Besorgungen schreiten zu müssen. Lampen müssen her. Irgendwann ist der Lebensabschnitt vorüber, in dem man einfach überall Klemmleuchten hingeklemmt hat. Leider kann man Lampen nicht herbeibeten. Man muß in die entsprechenden Geschäfte gehen. Man sagt ja, jeder Gang macht schlank, aber der Gang ins Lampengeschäft macht krank. Diese Designer. O GOTT O GOTT O GOTT DIESE DESIGNER! LIEBER GOTT, SCHICKE MICH ZUR DESIGNSCHULE KREFELD, WO ICH LERNE, PEITSCHEN ZU DESIGNEN, DIE HÄSSLICH GENUG SIND, UM DIESE LAMPENDESIGNER ZU PEITSCHEN! Wenn Krieg ist, sagt man immer: »Die Kinder leiden am meisten darunter.« Wenn Design ist, muß man hingegen sagen: »Die Lampen leiden am meisten darunter.« Es ist ja so: Wenn Leuten, die man ohne jede böse Absicht als wacker, brav und bieder bezeichnen möchte, zeit ihres Lebens von Medien oder dusseligen Pädagogen eingetrichtet wird, in jedem Menschen wohne ein Künstler, man müsse ihn nur wachkitzeln, dann wird jene mit C geschriebene Sorte von Kreativität geboren, die glücklicherweise meist in Hair Styling Salons oder Aquarellstudios in Timmendorfer Strand endet. Gelegentlich entstehen auch Weingläser, mit spiralig aufsteigenden Goldfäden oder Knoten im Stiel. Doch wehe, wenn sie an die Lampen gelassen werden. Es gibt welche, die sehen aus wie von Nesträubern zerwühlte Vogelnester von metallenen Riesenvögeln mit Gleichgewichtsstörungen. Abgesehen von dieser zaghaften Andeutung versagt hier meine Sprache. Es kann sich jeder bei einem Besuch im **Lichthaus Mösch** in der Berliner Tauentzienstraße davon überzeugen, daß hier wirklich Unbeschreibliches besprochen wird. Man wird sofort neidisch auf Stevie Wonder, aber nicht, weil er so schön singen kann.

Das Aussuchen von Möbeln ist nicht ganz so verletzend, es sei denn, man gerät in eine Abteilung für »Junges Wohnen«. Ich bin froh, daß ich niemals jung wohnen mußte. Jung wohnen bedeutet, auf Sitzmöbeln mit viel zu tiefer Sitzfläche und zu niedriger Lehne Rückenschmerzen zu bekommen. Ich finde auch, jemand, der sich ein **Latexsofa** mit Sadomaso-Ketten an den Lehnen und der Inschrift »Drum'n'Bass« auf der Rückenlehne kauft, ist nicht jung, sondern hat seinen Sofageschmack wohl im Lotto gewonnen. Authentisches junges Wohnen geht sowieso anders: Bretter an die Wand, Sperrmüllsessel, Matratze aus'm Keller, Tante Mimmi ihre alte Rückenbürste abschwatzen, fertig. Und dann nichts wie raus ins elektrische Leben und dufte Typen aus ganz Europa kennenlernen! Sich ein lustiges internationales Kerlchen schnappen und sagen: »Komm wir machen Shop Hopping und Cross Clubbing. Drum'n'Bass mit allem Drum'n'Dran.« Möbel kann man sich dann mit 30 kaufen, wenn man jedes Getränk ausprobiert und die duften Typen alle durchhat.

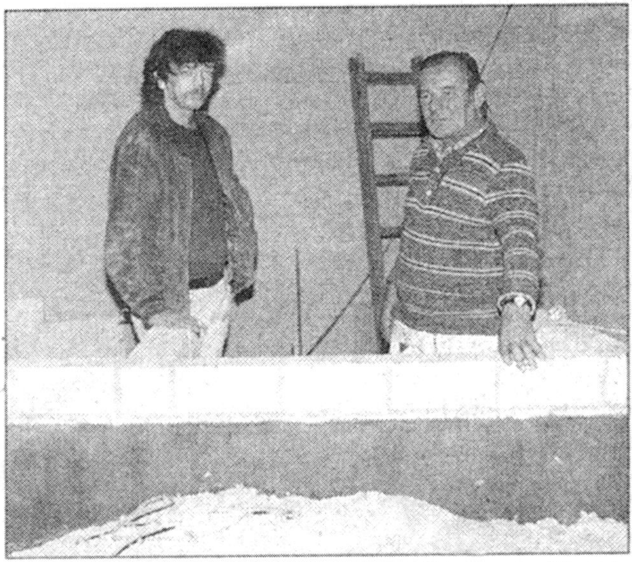

Albrecht Böttcher und Michael Rook am frischgemauerten DJ-Tresen.

Ich bevorzugte die Abteilung »Altes Wohnen«. Als ich mich nach den Lieferbedingungen für einen Schreibtisch und ein Regal erkundigte, meinte der Verkäufer, daß diese beiden Teile aber nicht zusammenpassen würden, man sei hier ja schließlich ein Fachgeschäft, da müsse er mich schon auf solche Unstimmigkeiten hinweisen. Ich antwortete, das würde mir gar nichts ausmachen, bei mir solle es ja nicht aussehen wie in einem Möbelgeschäft, und ich würde sowieso noch einen **Haufen Sperrmüllgerümpel aus meiner Studentenzeit** hinzustellen.

Da erblaßte der Herr Spezialist! Ich hatte das auch nur gesagt, um ihn erblassen zu sehen, denn es gab nie eine Studentenzeit in der Vita, der meinigen. Ich hatte eine Zeit, in der ich hätte studieren können, doch die motivationsreichen Nächte zogen einen zeitraubenden Verbleib in der molligen Koje nach sich. Im übrigen gibt es keine Möbel, die sich miteinander beißen. Wenn man Bücher, Zeitschriften und angebrochene Knabberkrampackungen gleichmäßig auf alle Sitz- und Ablageflächen verteilt, paßt eigentlich alles sehr gut zusammen.

Ein paarmal war ich schon auf der Universität, aber ich fand es dort nicht gentlemanlike. Das Ambiente behagte mir nicht. Außerdem gab es dort strickende Mädchen und Abstimmungen darüber, ob man während der Vorlesung rauchen darf. Ich hielt es im Kopf nicht aus. Wenn ein Professor nicht möchte, daß während seiner Veranstaltung geraucht wird, dann muß er mit der Faust auf den Tisch knallen, so sehr, daß die Tischplatte splittert. Sollte jemand stricken oder schwatzen, dann soll der Professor diese Studenten schlagen. Ich bin ein Feind der Prügelstrafe in Schulen, denn Kinder sind ja noch klein. Studenten jedoch sind nicht mehr klein. Professoren sollten sie züchtigen dürfen.

Da ich nie studiert habe, ist auch jener Kelch an mir vorbeigeschritten, in dem schwimmt, daß, wenn man gerade zu studieren angefangen hat, einen ältere Anverwandte immer fragen: »Na, wie fühlt man sich denn so als Student?« Das hätte ich im Kopf nicht ausgehalten. »Wie fühlt man sich denn als Student?« dürfte die Mutter aller Wie-fühlt-mansich-Fragen sein, ohne die Fernsehjournalisten, insbesondere Nachmittagstalker, vollkommen aufgeschmissen wären.

Es gibt Leute, die sagen, sie würden keine Studenten mögen. Das verstehe ich nicht. Studenten haben keinerlei spezifische Eigenschaften, wegen derer man sie als Gruppe mißbilligen könnte. Mit einer Ausnahme: Wenn Studenten von jemandem zu einem Besuch eines Freundes mitgeschleppt werden, dann fragen sie den Gastgeber garantiert innerhalb der ersten fünf Minuten: **Und was bezahlst du hier Miete?** Studenten fragen das immer. Erwachsene tun das nicht. Es ist etwa so, als würde man während einer Geselligkeit einer Dame vorgestellt und gleich zur Begrüßung fragen: Was hat denn Ihr Kleid gekostet? In einem preisgekrönten Spielfilm über geistig behinderte Kinder fände man so etwas »liebenswürdig« und »entwaffnend«, aber das Leben ist anders. Daher, ein Rat an die Studenten der Welt: Nicht immer gleich nach der Miete fragen!

Zum Schluß noch ein weiterer Rat, und zwar an Damen, die oft gedemütigt wurden. Man hat ständig auf Ihnen herumgetrampelt, hat Ihre Gefühle mißachtet etc. Gedemütigt also. Ab und zu müssen Sie mal jemanden zurückdemütigen. Das muß ja sein. Sonst hält man das ja im Kopf nicht aus mit dem verdammten Gedemütigtwerden. Am besten, Sie gehen jetzt auf die Straße und suchen sich einen jungen Mann, der so aussieht, als ob er im Bett nicht gerade die Superrakete ist. Vor dem tanzen Sie nun bitte mit Korinthen im Haar und an der Hüfte Rosinen. Der Boy natürlich schleck, schleck, mitkomm. Nachdem der junge Mann nun, wie erwartet, im Bette »versagt« hat, saugen Sie genüßlich an einer Zigarette und fragen: »Na, und wie fühlt man sich so als Student?«

Das muß unglaublich demütigend sein!

Die Saugegemeinschaft zerbricht

(September 1997)

Wortschwall gefällig? Bitte schön! Nicht ganz zufällig habe ich gerade einen Wortschwall parat, und zwar einen sommerlichen, in dem von Getränken die Rede ist, z. B. darüber, daß die Jugendlichen begonnen zu haben scheinen, sich ganz allmählich von den Erzeugnissen des Coca-Cola-Konzerns abzuwenden.

Überall sieht man sie jetzt mit **Tetrapaks voll aromatisiertem Eistee** herumschlurfen. Jacke ummen Popo gebunden, Eistee inner Pranke: Man kennt dieses Bild, kennt man es nicht? Eistee als Industrie-Drink in Dosen gibt es schon lange, aber bis vor kurzem war das nur so ein Tralala-Getränk für dann und wann mal. Es spielte kaum eine Rolle in Lebensbilanzen und Regierungserklärungen. Eistee zu trinken war beinahe schon Individualismus. Urplötzlich scheint nun aber der liebe Gott in seiner unmenschlichen Güte einen Koller gekriegt zu haben, und es gibt Eistee in allen Formen und Farben, mit Gas und ohne Gas und mit bis zu zwei Litern Spannweite. »Spannweite heißt das aber nur bei Vögeln und nicht bei Getränken«, höre ich bereits gewisse Billiganbieter von Auffassungsvielfalt krächzen. Das sind mal wieder die ganz schlauen. Ich lasse mir von denen aber nicht in die Bouillon pusten.

Mit fester Stimme entgegne ich: »Bei Vogelspannweiten heißt das ja auch nicht Liter, sondern Meter.«

Kinder und Jugendliche haben bekanntlich keinen guten Geschmack, aber was die Bewältigung ihres Getränkeprogramms angeht, muß man ihnen Respekt zollen. Man denke an die breiigen Milkshakes von McDonald's. Es ist doch erstaunlich, wie diese winzigen Wesen, die zu einer kraftlosen, schleimigen Masse zusammenflössen, wenn man ihnen wie seinerzeit unsereins einen Diercke-Weltatlas in den Ranzen stecken würde, wie also besagte Mikro-Kreaturen diese eher fäkalschlammartige als schlicht sämige Materie durch den Strohhalm kriegen. Man braucht dazu eine Saugleistung wie eine optimierte Vampirette von AEG auf Stufe 3 mit disaktivierter Energiespartaste. Und hey Mann, die Würmchen saugen in echt. Sie tun es nicht mit Spiegeltricks oder Osmose. Woher haben diese Würmchen nur diese unglaubliche Wangenmuskulatur? Wenn man die McDonald's-Milkshakes nicht mit dem Munde, sondern mit dem Gesäß trinken müßte, könnten alle Fitneß-Center einpacken, denn dieses Gesäß-Muskel-Training könnte keine Maschine ersetzen.

Ich bin eher ein Befürworter indischer Mischmilchgetränke. Salzlassi, Süßlassi, **Litschilassi**. Litschilassi ist der Knüller unter den Lassis. Der Inder zertrümmert die nach Blumenwasser duftenden Glibberfrüchte in einer Moulinette bzw. mit Hilfe eines billigen, in einem schäbigen Import-Export-Laden, wo lauter unordentliche Kartons herumstehen, gekauften Moulinetten-Plagiats, kippt Milch hinzu und dann wroom, wroom, rawusch, servier, servier, Durst des Gastes futsch. Das ist natürlich nur in einer Großstadt möglich. Ich will es mal so sagen: In Berlin zu wohnen ist wie einen mit Brause gefüllten Kühlschrank zu haben. Man könnte die Brause trinken, man muß aber nicht. Das ist das Geheimnis der Survivalisten, der Stehaufleute, derer, die sich nicht zermürben lassen vom Gemecker aus der Ligusterhecke. Heikel ist es allerdings, wenn der Kühlschrank abgeschlossen ist, und der Schlüssel liegt auf dem Meeresgrunde. Okay, man wird schon fündig werden, wenn man die Ozeane systematisch und gewissenhaft abschnorchelt. Doch was tun, wenn der Kühlschrank von innen verschlossen ist? Die Flinte ins

Korn zu werfen wäre wie ein kapitulierendes Hinabsinken vor einer übermächtigen Mutter. Man kann den Kühli ja aufschweißen. Da man aber kein Schweißgerät im Haus hat, bestellt man ein Schweißerteam. Diesem gelingt es zwar, den Kühlschrank zu öffnen, doch ist es durch die Arbeit durstig geworden, und es trinkt einem die ganze Brause weg. »So einfach lasse ich mich nicht zerstören!« ruft man nun den Werkleuten zu, geht zum Supermarkt und kauft sich halt neue Brause. Wie wär's denn mal mit **Herva Mosel?**

Herva Mosel ist eine Art Kräuterlimonade mit 15 % Moselwein. Diejenigen Personen, die in den sechziger Jahren mit ihrer Oma Ausflüge zu Wildschweingehegen gemacht haben, werden nun rufen: »Das ist ja das Getränk, was meine Oma damals immer im Wildschweingehege-Café getrunken hat!« Es gibt den Drink noch immer. Eine Intellektuelle ~~beichtete~~ berichtete mir, daß Herva Mosel in den sechziger Jahren als vornehm gegolten habe. Motorisierte Jurastudentinnen mit ~~Kropf~~ Kopftüchern tranken das, und motorisiert hieß damals ja noch betucht. Jura heißt ja sogar heute noch betucht, und Kopftuch hieß wohl zu allen Zeiten betucht. Gemeint ist jetzt aber kein islamischer »Unterdrückungslappen« *(salopp, abwertend),* sondern ein schnittiges Sportcoupé-Kopftuch mit Sonnenbrille und Lizenz zum durch die City flitzen.

Heute ist Herva Mosel eine limonada obscura, nur dem gelehrten Kenner entfährt ein wissendes Krächzen: Herva Mosel ist **keineswegs eine schrille Retro-Brause für schwule Dummchen**. Es ist **vielmehr das Geheimgetränk der aus Erfahrung Coolen**. Die Bildhauerin Niki de Saint Phalle soll bei der Einweihung ihrer Nana-Skulpturen in Hannover unentwegt nach Herva Mosel gefragt haben. Wenn Christiane Hörbiger mit der Bahn von Zürich nach Wien fährt, dann steht der Schweizer Bahnchef stramm vorm

Zürcher Polizeipräsidenten, welcher ersteren anherrscht: »Es tut mir leid, aber wenn Frau Hörbiger gern Herva Mosel trinkt, dann sollten im Speisewagen schon einige Fläschchen vorhanden sein. Sie ist nun mal eine prominente Persönlichkeit, und wenn prominente Persönlichkeiten Durst haben, dann muß man wie von Sinnen um sie herumscharwenzeln. Wir alle saugen das Gute aus der Kunst heraus wie Bienen den Nektar aus den Blütenkelchen der Dahlie, und das Gute kann der Künstler nur erzeugen, wenn er das zu trinken kriegt, worauf er Durst hat. Zürich–Wien wird mit Herva Mosel bestückt, und wenn ich persönlich den ganzen Kanton durchkämmen muß, um die Fläschchen zu finden.« Auch Dusty Springfield soll bei ihren viel zu seltenen Deutschlandbesuchen schon bei der Ankunft die Zollbeamten »löchern«, wo es entsprechende Fläschchen gibt. Man darf wohl meinen, daß dem Getränk Herva Mosel das Image einer dezenten lesbischen Extravaganza anhaftet. An Männern dürfen Herva Mosel nur die begabtesten trinken, solche, die fürs Rollenspiel kein Pink und keine Boa brauchen.

Man sollte sich ein Beispiel an der erwähnten Künstlerin nehmen und Menschen nach Herva Mosel fragen. In größeren deutschen Bahnhöfen gibt es ja seit ein, zwei Jahren die »Service Points«. Dies sind Schalter, hinter welche man sogenannte »perspektivlose Menschen« gestellt hat, solche, die sonst nirgends unterkommen. Sie blicken sehr traurig, elend und unsicher. Damit sie sich besser fühlen, soll man sie Sachen fragen. Man darf sie aber nur ganz einfache Dinge fragen, wie z. B. wie man am Hamburger Hauptbahnhof in die Fußgängerzone kommt, die am Hamburger Hauptbahnhof anfängt. Mit solchen Fragen lindert man ihre Traurigkeit. Wenn man sie aber fragt, wie man zum Barmbeker Frauenforum kommt, werden sie noch trauriger, weil man sie so brutal darauf aufmerksam macht, daß sie nichts wissen. Neulich fragte mich einer, wen man denn früher fragen konnte, als es die Service Points noch nicht gab. Ich antwortete: »Niemanden«, und recht hatte ich. Eigentlich merkwürdig: Daß der Bahn erst nach 150 Jahren eingefallen ist, daß Reisende manchmal was wissen wollen. Das kann man nur mit Spinat vergleichen. Seit mehr als einem Vierteljahrhundert gibt es tiefgefrorenen Spinat zu kaufen. Genausolange ärgert sich die Verbraucherschaft darüber, daß man die Klötze nicht zerkleinern kann. Wer einmal versucht hat, einen Spinatklotz zu zerschneiden, der, hey Mann, versucht es kein zweites Mal. Es ist wirklich ein altes Problem. Aber seit wann gibt es portionierbaren Tiefkühlspinat? Seit dem Sommer 1997.

Nach sage und schreibe 27 Jahren erfrorener Finger und übriggebliebenen Spinats fällt den Nahrungsmittelkonzernen plötzlich ein, daß man Gemüse auch kleinteiliger einfrieren kann. Man denke auch an CDs. Seit diese auf dem Markt sind, seit nunmehr 15 Jahren, ärgert sich ein jeder über die Instabilität der *jewel case* genannten Plastikbehältnisse. Ein jewel case braucht nur ein einziges Mal herunterzufallen, schon bricht das Scharnier zwischen dem Deckel und dem Unterteil mit der die Disc festkrallenden Rosette. Man sollte meinen, daß die Industrie in all den Jahren das Scharnierproblem gelöst haben sollte, aber nichts da! – wir werden wohl noch zehn Jahre warten müssen. Das könnte man die Service-Point-Leute auch mal fragen, warum alles so entsetzlich lange dauert, oder wo z. B. die nächste Verkaufsstelle von Herva Mosel ist. Wenn ich der Macher einer Sendung mit versteckter Kamera wäre, würde ich veranlassen, daß so eine Service-Point-Person einmal einen ganzen Tag lang von immer wieder neuen Menschen gefragt wird, wo es Herva Mosel zu kaufen gibt. »Weiß ich nicht«, sagt die Person immer, denn woher sollte sie das auch wissen. Ich würde dann aber als Versteckte-Kamera-Macher nicht nach einer Stunde oder so mit ausgebreiteten Armen auf die reingelegte Person zulaufen und rufen: »Juppheidi, juppheida, ich bin der lustige TV-Knochen. Sicher erkennen Sie mich, so wie mich die anderen Idioten auch immer erkennen.« Aber natürlich erkennt die glücklose Auskunftsperson den TV-Knochen, weil sie ja als Perspektivlose immer nur fernsieht, und sinkt an des Heinis freundliche Brust. Nein, ich würde mich nicht zu erkennen geben, sondern immer neue Personen ankarren, die nach Herva Mosel fragen, tagelang, monatelang, monoton rattern die Jahre ins allmählich an Farbe verlierende Land. Nie würde ich die Auskunftsperson aufklären, daß dies alles nur ein kleiner Spaß sei. Es ist ja auch kein Spaß. Es ist ein armes Leben.

Eine andere Möglichkeit, einer perspektivlosen Person eine Chance zu geben, ist die Beschäftigung in einer Bude für selbstgepreßte Säfte, wie man sie in Einkaufspassagen und veredelten Bahnhöfen findet. (Daß man am Berliner Bahnhof Zoo heutzutage durch eine Bäckerei gehen muß, um von der Fernbahn zur U-Bahn zu kommen, empfinde ich als eine ungute Form von Veredelung. Die Leute fressen eh genug.) Die Saftmischungen heißen »Hawaiidröhnung«, »Fitneß-Flip« oder meinetwegen »Vitaminvulkanausbruch«, sind immer kuhwarm und extra »stückig«, d. h. es ist recht anstrengend, sie durch den Strohhalm hindurch in die Mundhöhle zu bekommen. Bin schon gespannt, wie lange es dauert, bis die Saftfritzen merken, daß ihre Getränke gekühlt und feiner püriert besser schmecken. Ich schätze mal 65 Jahre.

Man muß sich an einer Saftbude nicht scheuen noch dafür schämen, andere Leute beim Saugen zu betrachten. Insbesondere Damen, solche mit Position und einer Stimme, die auch schon mal etwas schärfer werden kann, wenn es denn sein muß, welche, die auf sich achtgeben und nicht rumtoben dürfen in ihren Aufstiegschancenkostümen, solche trinken die Säfte gern. Sie bekommen einen ganz spitzen Mund, und die Stirne kräuselt sich peinvoll. Dies ist lustig, denn die trinkenden Damen denken ja gerade, sie würden sich erfrischen. In Wirklichkeit erledigen sie gerade den anstrengendsten Teil ihres Tagesablaufes. Man könnte den Saft auch aus dem Becher trinken, aber das wollen die Damen nicht, denn davon kriegt man einen Bart, so wie Kinder einen Nesquickbart bekommen, und mit einem Kiwi-Ananas-Bart im Büro zu erscheinen steht der Positionsoptimierung im Wege. Man könnte übrigens ins Feld führen, daß diejenigen, die gemeinsam an einer Saftbude stehen, eine Saugegemeinschaft bilden. Dies ist aber keine wichtige Angelegenheit, denn die Saugegemeinschaft zerbricht so schnell, wie sie sich gebildet hat. Insofern müßte man das eigentlich nicht ins Feld führen. Der Wortschwall ist hiermit sowieso beendet. Nächsten Monat gibt es einen neuen Wortschwall. Das ist das gottverdammte Gesetz der Serie.

Hallo, liebe Vittel-
Wasser-Kistenbesitzer!
Ich habe mir die Kiste
für ein paar Stunden
zwecks Fußballspiel
ausgeliehen! (Damit
ich was sehen kann!)
Danke! Elsbeth

Eine Wolke, auf der man keinen Husten bekommt

(Oktober 1997)

Zeitschriften kauft man, dann läßt man sie ein paar Wochen oder Monate auf der Couch herumliegen, und schließlich werden sie weggeworfen. So ist es Brauch, es sei denn, es handelt sich um Fachmagazine mit geringer Auflage oder Untergrundhefte von schmalem Umfang. Die hebt man auf, damit man sie später einmal für teuer Geld an feurige Blicke in die Vergangenheit werfende Subkulturforscher verkaufen kann. Gelegentlich hört man auch von Leuten, die sämtliche Ausgaben von ›Geo‹ oder gar dreißig komplette Jahrgänge des ›Spiegel‹ horten, aber das sind Sonderlinge und Liegeradfahrer, welche, die sich selber eine Heizung bauen oder mit einem angeleinten Leguan zur Plattenbörse gehen. Sie wirken trotz sichtbarer Gebrechen nicht unglücklich, man gibt ihnen dann und wann Geld, aber es will keiner so genau wissen, wie es bei ihnen zu Hause aussieht. Immerhin ist zu hören, daß man sich in der Wohnung wegen der vielen Zeitschriftenstapel nur auf zwei schmalen Schneisen bewegen könne, von denen eine zur Toilette und die andere zum Bett führt. Sie sterben mit 56 oder 61, und nach ein paar Jahren setzt man dem postum vom geduldeten Außenseiter zum Original Aufgestiegenen in Anwesenheit eines in bereits zigmal benutzte Tempos rotzenden Stadtrates und eines stellvertretenden Karstadt-Filialleiters in einer ungepflegten, von Schwerlastverkehr umbrausten Grünanlage ein mickriges Bronzedenkmal, an dessen Sockel steht »Zitronen-Jette« oder »30-Jahrgänge-Spiegel-Klaus«.

Kein Wunder, daß die meisten Leute ihre Zeitschriften lieber nicht aufheben. Aber was für ein Gewese machen sie um Bücher! Vor meinem letzten Umzug entschloß ich mich zu

Maßnahmen, die übersensibilisierte Wesen an gewisse Maßnahmen unerfreulicher Regimes hätten erinnern können. »Mülltonne, verschlinge die Schriften von Kurt Vonnegut und Philip Roth«, dachte ich vergnügt beim Füllen des Papiercontainers im Hof. Ich würde vor lauter Falschverstandenheit gern in ein kaltes Wasser fallen, wenn nun gemeint wird, ich hätte was gegen diese Autoren. Gewiß nicht! Aber muß ich ihre Werke, nur weil sie mir vor zehn Jahren mal während einer Bahnreise Zerstreuung boten, mein ganzes Leben lang aufbewahren, von einer Wohnung in die nächste mitschleppen, den knappen Wohnraum mit Regalen verschandeln?

Zumal es sich ja auch nur um schäbig gemachte Taschenbuchausgaben mit dämlichen Pressezitaten auf dem Rücken handelte. »Eine hinreißende Chaplinade aus meisterhaft erzählter Zeitgeschichte und beißender Ironie« (›Nürnberger Nachrichten‹) steht ja auf solchen Büchern immer hinten drauf. Darauf, daß ein solches Allerweltsgebrabbel ein Buch entwertet, wird man in den Verlagen wohl nie kommen. Schlimmer noch treibens die Amerikaner und Briten. Da werden die Pressezitate manchmal gleich auf die Vorderseite gesetzt, und oft bestehen sie nur aus einem Wort. »›Hilarious‹ – Evening Post« steht dann da. Und wer weiß, was in der ›Evening Post‹ vollständig gestanden hat? Möglicherweise hieß es dort »This book is not at all hilarious. It's rather boring.« Weiß man's? Will es wer nachprüfen? Wohl kaum. Ich wüßte jedenfalls nicht, warum man abgelegter Freizeitlektüre mehr Fürsorge angedeihen lassen sollte als einer ausgedienten Illustrierten. Außerdem fangen staubige Bücher irgendwann an zu riechen wie alte Schweizer Militärrucksäcke. Man kann wirklich nicht zu jedem irgendwann mal aus Trotteligkeit gekauften Buch eine emotionale Bindung aufbauen. Die Situation ist doch bei jung und alt bekannt:

Man hat einen Termin bei der Wahrsagerin, um 9 Uhr morgens steht man gebürstet und in vollem Staatswichs vor deren Praxis. Doch dann liest man auf dem Messingschild: »Sprechstunde leider erst um 9 Uhr 30«. Also vertreibt man sich ein bißchen die Zeit in der Buchhandlung im Erdgeschoß. Dort springt ein reich bebildertes Buch namens »Vollwertküche für Eilige« für 9.95 ins Auge. »Ach, wie schön, dann kann ich mal Gorgonzola-Quinoa-Knödel machen«, sagt man und kauft das Ding, was inskünftig jahrelang zwischen einem Waldschaden-Atlas und einer ›taz‹-Dokumentation über den Berliner »Häuserkampf« Anfang der Achtziger Jahre steht. Früher kamen Würmer und fraßen solche Werke auf. In die formaldehydbehandelten Resopalbehausungen von heute traut sich auch der ausgemergeltste Wurm nicht rein. Also muß man selbst Hand anlegen. Und ich legte an!

So schwer es mir fiele zu erklären, wie eine Biografie von Adele Sandrock in meine Bestände geraten sein mag, so leicht fiel es mir, das Werk zu beseitigen. Auch die Verabschiedung des Bandes »Moose und Flechten des Harzes« von 1954 löste in mir keinen Trennungsschmerz aus. Und ein London-Reiseführer voll Schwarzweißfotos, auf denen Autos mit Ersatzreifen auf dem Rücken herumfahren? Weg damit. Wie ich nun aber Popsongs pfeifenderweise die lästigen Druckwerke in die Tonne tat, kam eine Hausbewohnerin an und meinte, so was könne man doch nicht machen, Bücher wegwerfen. Das sei ein Sakrileg, ob ich denn nicht wisse, was die Araber sagen? Die Araber würden sagen: »Ein Buch ist wie ein Garten, den man in der Tasche trägt.« – »Ach ja, die Araber, die reden viel, weil's in der Wüste so nackert und unattraktiv ist und es nichts zu gucken gibt«, entgegnete ich. Na, ich sei ja einer, ereiferte sich die Nachbarin, ob ich denn auch nicht wisse, was Bertolt Brecht gesagt hat. Der habe nämlich gesagt: »Hungriger, greif nach dem Buch. Es ist eine Waffe.« Und Martin Walser erstmal. Der habe gesagt: »Ein Buch ist für mich eine Art Schaufel, mit der ich mich umgrabe.« Ich sagte zu der Frau: »Ich kenne all diese Sentenzen. Sie stehen ja schließlich im Duden-Band Nr. 12 ›Zitate und Aussprüche‹ auf S. 563/564.« Anschließend erlaubte ich ihr, die Bücher wieder aus der Tonne herauszuholen und in ihre Wohnung zu tragen. Sie meinte, man könne sie ja »weitergeben« an soziale Projekte, oder in der Jugendarbeit einsetzen. Sie sehe da in rauher Menge Möglichkeiten. Ich lasse die Dame gerne gewähren, denn ich will nicht bekannt werden als einer, der sich gegen den Einsatz von Adele-Sandrock-Biografien in der Jugendarbeit sperrt.

Bücher gelten in der Weltdeutung bessergestellter Volksschichten als einzige mögliche Steigerung von Hunden. Die Grundform ist der Mensch: ein unzuverlässiger Geselle, der einen nach erloschenem Interesse wegwirft wie eine gebrauchte Aprikose. Der Komparativ ist der Hund. Der ist noch dann ein treuer Kamerad, wenn die sogenannten Freunde sich längst in anderen Betten suhlen. Aber der Superlativ ist das Buch. Dieses ist der wahrste Freund, der geduldigste und verständnisvollste Kamerad. Selbst wenn der Hund keine Lust hat, mit dir herumzutollen, die Sätze in den Büchern stehen stramm wie Soldaten und sind niemals zu müde, mit dir spielerisch zu raufen, und allzeit bereit, dir zu mehr Reife und Würde zu verhelfen. Ein Buch trägt dich wie eine verrückte Gratis-Rakete in die mirakeligsten Gebiete. Selbst wenn du nie selber in Göttingen warst: Liest du ein Buch über Göttingen, schmeckst du das Aroma Göttingens wie eine Schneeflocke auf deiner Zunge. Ganz ohne teure Fahrkarte siehst du die blaugekachelte Stadthalle, ja du kannst sogar die gar nicht mehr existierende Coca-Cola-Abfüllanlage gegenüber dem Auditorium sehen. Natürlich nur, wenn man das Glück hat, ein Buch zu erwischen, in dem diese Abfüllanlage vorkommt. In einigen Büchern, »Madame Bovary« z. B., wird sie ignoriert, da kann man sie natürlich auch nicht sehen.

Was genau ist eigentlich ein Buch? Es gibt eine Definition der UNESCO: **Ein Buch ist eine nicht-periodische Veröffentlichung von mindestens 49 Seiten Umfang exclusive des Einbands.** Es ist sicher nett, was sich die UNESCO so an lauen Sommerabenden zusammendefiniert, aber daß ein Buch generell etwas Bewahrenswertes ist, sagt auch diese Definition nicht. Auch eine Publikation, wo auf der ersten Seite ein Rezept für Serviettenknödel ist, auf der zweiten Seite ein Lob der altchinesischen Frauenfußverstümmelung und auf der dritten eine Anleitung zum Tottrampeln von Zeisigen, ist ein Buch, Hauptsache, es folgen noch 46 weitere Seiten. Ein solches Buch kann man m. E. kühlen Gewissens dem Erdboden gleichmachen. Doch was riefen die Menschen dann? »Wo man Bücher dem Erdboden gleichmacht, da macht man am Ende auch Menschen dem Erdboden gleich!« würde es tönen, und daß man vor einem Buch einen wahnsinnigen Respekt haben muß. Man hat es zu behandeln wie ein anvertrautes Kind, d. h. man darf **auf keinen Fall Schmalzbrote essen** während des Lesens. Auch schlecht: Brote mit dick Fleischsalat. Nicht viel besser, aber leckerer: Schillerlockenbrot. Auch darf man Bücher keinesfalls als Ersatz für fehlende Möbelfüße verwenden. Seiten rausreißen oder Telefonnummern von Nutten auf den Umschlag schreiben: Auch das wird nicht gern gesehen vom Bücherdrachen aus der Stadtbücherei, dem Bücherdrachen mit der **Schreckschraubenbrille**, die man leicht daran erkennt, daß sie den Bügel unten hat. **Unten!** Wie Heidemarie Wieczorek-Zeul! »Heute will ich mal ein Auge zudrücken«, sagt der Bücherdrachen, »aber das nächste Mal schreiben Sie

Unbeschreiblich das Gefühl, wenn diese mulmig sirrenden Vibrationen in einen Männerkörper fahren und ihm sagen: »Gattin hin, Gemahlin her, jetzt mußt du irgendwo hingehen, um im Sinne männlichen Nichtanderskönnens auf die Pauke zu hauen.«

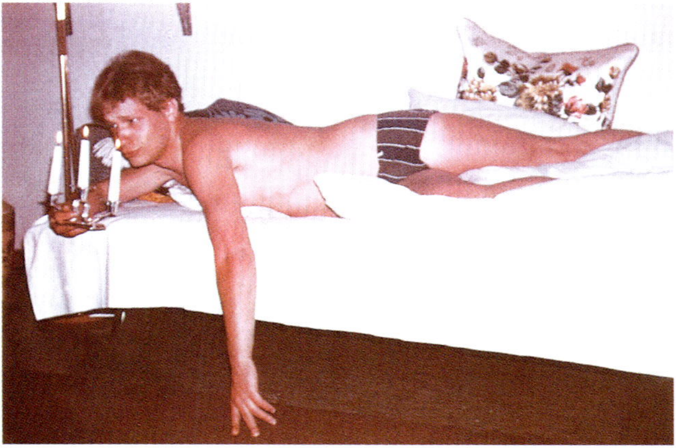

Er denkt: »Bevor ich meine Badehose abstreife, will ich lieber noch einmal an dem Blumenstrauß riechen, den mir meine böse Stiefmutter aus der DDR geschickt hat... Wieso habe ich eigentlich eine Stiefmutter in der DDR? Heißt das etwa, daß ich selber in der DDR wohne? Kann ja gar nicht sein bei meiner schönen Westbadehose, die ich demnächst abstreife. Oder hat die mir nur meine böse Stiefmutter aus dem Westen geschickt? ›Statt Blumen‹, wie es immer so charmant lispelnd in den Todesanzeigen heißt?«

Vorbei sind die Ären, in denen zeitgenössische Kunst, begleitet von mickymausstimmigen Kommentaren Beiderwandröcke tragender Studienrätinnen, in steril geweißelten Musentempeln vor sich hinkäste. Heute steht sie draußen, wo die Menschen inkongruentester Biografien am spannendsten gegeneinanderprallen: an der Grenze. Und sieh mal einer an: Aufwühlender, mal mutig-schrille, mal witzig-hitzige Debatten auslösender war die lange totgesagte Malerei nie. Wie der Schrei einer grellbunten Peitsche wühlt sie in den Seelen der Grenzüberschreitenden, ist aber trotzdem versöhnlich, ruft »Hey, Mann, da bist du ja, wo verflucht hast du nur so lange gesteckt?« zu jedem. Und was macht's, wenn Kunst mal naß wird? Die Reisenden werden ja auch naß.

Arm dran ist, wer seine Abende in dieser Tanz Discothek verbringen muß. Fein raus ist, wer eine Schwanstanze hat.

Man würde ja von der Gattin dieses Staatslenkers gern mehr als den Arm sehen, aber nein, der Herr Fotograf – es war bestimmt keine Frau – fand das Fenster interessanter. (Oder geschah es aus Rücksicht? Weil die Präsidentengattin einen Nesquick-Bart hatte? Dann war der Fotograf vielleicht doch eine Frau.)

Wenn Elvis Presley mit seinem Troß durch die DDR tourte, wurden die Holzverkleidungen der Hotelrezeptionen extra nur für ihn mit Möbelpolitur eingerieben. Noch auf dem Totenbett schwadronierte der »King« ununterbrochen von dem beißenden Geruch der DDR-Möbelpolitur. (Die Blumen hatte der Hoteldirektor eigens in Irxleben »organisiert«, weil es in Magdeburg wieder mal nur Löwenmäulchen gab und man sich unsicher war, ob es passend sein würde, »The King of Rock'n'Roll« mit Löwenmäulchen zu begrüßen.)

Keine Frage: Dies ist ein hervorragendes Foto. Strittig ist aber, ob es noch besser wäre, wenn der Fotograf daran gedacht hätte, den Absperrkordelständer zu entfernen, oder ob das Bild gerade durch diese kleine Vergeßlichkeit eine eigene Würze enthält. Und würden wir nicht alle morgens auf dem Weg zum Schlachter gerne folgendes lesen: »Museumsdirektorin Helga Kornfeld (Christiane Hörbiger) ist verstimmt, weil ihr jüngerer Kollege Heinzi (Dominik Horwitz) viel lieber mit seinem Motorrad auf dem Marienplatz herumdonnert, als sich ihr zu widmen. Eines Tages erschlägt sie ihn mit einem Absperrkordelständer.«

Denunziation einer neidischen Kollegin? Aber nein! Nur eine witzige Werbekampagne für Vickys aktuellen Titel »Süchtig nach Geborgenheit«.

Auch heute haben wohl wieder Dutzende von Menschen aus lauter Ärger über ihre doofe Mutter den Entschluß gefaßt, Selbstmord zu begehen. Doch haltet inne! Verschiebt die kühne Tat um ein Jahr! Und sprecht an jedem Tag dieses Jahres ein Tonband voll mit Anschuldigungen, Demütigungen etc. Und stellt euch vor, daß sich die Mutter nach eurem Tod all diese Tonbänder anhören muß.

Seit über zehn Jahren klebt auf Hunderten von Berliner Litfaßsäulen dieses Plakat. Einem Bewohner der westlichen Innenstadtbezirke ist es praktisch unmöglich, einen Tag zu erleben, an dem er nicht mit diesem Gesichtsausdruck konfrontiert wird. Die Einwohnerzahl Berlins sinkt. Wie viele Menschen ins Umland ziehen, weil sie sich nicht weiter dem Anblick dieser Frau aussetzen wollen, kann nur vermutet werden. Es dürften so einige sein, die nachts nicht mehr schweißgebadet hochschrecken wollen, weil sie träumten, sie müßten mit Mademoiselle Gesichtsausdruck ein Gespräch führen.

Allmählich dürfte klar sein, daß der Sommer vorbei ist. Laub fegt durch die leeren Straßen, auch Wind, und die Sonne heizt ehrlich gesagt kaum noch, d.h. sie ist, unter uns gesagt, kaum noch in der Lage, die trübe Szenerie in irgendeiner noch so dürftigen Weise aufzuheizen. Aber einem herbstlichen Spaziergang steht nichts im Wege. Das dachte sich auch dieser junge Mann, dem hinten ein Bild mit echten Schmetterlingen aus dem Rucksack herausguckt. Er hat es aus einer Tonne gezogen. Nun hat er ein Weihnachtsgeschenk für seine Partnerin. Diese wird am Heiligen Abend denken: »Er hat es zwar aus der Mülltonne gezerrt, aber er hat es mit Liebe aus der Mülltonne gezerrt.«

Dieses Bild sagt aus, daß wenn man als Frau in der Stadt war und sich mit pinken Stretchsöckchen und Mini-Mikrophonen für die Haare eingedeckt hat, dann kommt man nach Hause und buff, poing, rawusch, erscheint einem eine riesige Antik-Look-Kasse, die bedeutet, daß die Einkäufe »gar schröcklich« (wie ältere Lateinlehrer gerne sagten, wenn sie einen humorvollen Sound anstrebten) zu Buche schlagen und daß die Mini-Mikrophone für die Haare ja vielleicht doch nicht notwendig gewesen wären.

Vier Generationen unter einem Dach. Selten geworden, aber gibt's noch. Wo? In »deinem« »ollen« Städtischen Hallenbad. Guck mal genau hin.

Künstlerisches lauert überall. Hier z.B. hat der Fotograf Wert darauf gelegt, daß in Form der Getränke farbliche Entsprechungen zu den Budgetverteilungspfeilen mit ins Bild kamen. Bedenken, daß es jemand lächerlich finden könnte, wie dicht die Getränke an der Tischkante stehen, wurden zugunsten des künstlerischen Ausdrucks hintangestellt.

Wenn eine junge Frau ihren Schlupfwinkel verläßt, bildet sich um sie herum sofort eine Mauer aus gierigen Männern. Andere Frauen beargwöhnen das.

doch bitte Ihre Nuttentelefonnummern woanders hin.« – »Ja, und wenn Sie mich das nächste Mal so zur Schnecke machen vor allen Leuten, dann tragen Sie bitte eine Brille, die die Bügel oben hat! **Oben!** Sonst haue ich Ihnen eine rein!« sagt man daraufhin natürlich nicht. Gottbewahre, man denkt es nicht mal.

Neulich ging ich an einer Buchhandlung vorbei, darin hing ein Foto von einer Schriftstellerin namens Dacia Maraini. Eine Italienerin, schätz ich mal, deren Arbeiten ins Deutsche übersetzt werden. Absurd eigentlich, wenn man bedenkt, was die Frauen bei uns schon so zusammenschreiben. Unter dem Foto ein Satz der Autorin: »Ein Buch zu verlassen ist, als ließe man den besten Teil seines Körpers hinter sich.« Was soll nur diese ewige aphoristische Bücherverherrlichung? Ein Buch ist dies, ein Buch ist jenes. Haben denn die Leute nichts Besseres zu tun, als sich wohlfrisierte Interviewantworten für Frauenzeitschriften auszudenken? »Ein Buch ist eine Wolke, auf der man keinen Husten bekommt.« Das hab ich mir eben blindlings ausgedacht. Ab damit in den Zitate-Duden.

Das Gute am Lesen ist, daß es keinen Krach macht und daß ein Lesender ruhiggestellt ist, daß er nicht herumfuchtelt oder unangenehm kommunikativ wird. Zu behaupten, daß Lesen per se eine besonders edle Beschäftigung sei, ist aber alt und blöde. Die Beschäftigung mit manch billigem Roman ist doch nur ein schöngeredeter Dämmerzustand. Ein Video über das Leben der Frösche anzuschauen, scheint mir edler zu sein, als ein Buch zu lesen, in dem steht, daß ein Buch eine Schaufel ist. Auch CDs und Kühlschränke bergen oft feinere Inhalte als stinkige Schriftstellerbücher. Zur Literatur als Gesamtphänomen habe ich ein ähnliches Verhältnis wie zum Theater oder zu Marzipan: Es ist schon okay, daß es so was gibt, ab und zu mach ich auch gern davon Gebrauch, aber, wenn es denn sein müßte, könnte ich auch ohne leben. Unverzichtbar wie Musik ist das alles nicht.

Nützlich sind aber die sogenannten *coffee table books*. Diese Bücher haben den Zweck, daß der Gast in ihnen blättert, wenn der Gastgeber mal ins Bad verschwinden muß. Man darf sie nicht mit »Kaffeetischbücher« übersetzen, denn wenn Bücher auf dem Kaffeetisch liegen, ist ja kein Platz mehr für den Kuchen. Es sind eher »Beistelltischchenbücher«. In noblen Haushalten sieht man sie, es sind großformatige Prachtbänder mit den Blumenbildern von Georgia O'Keefe oder über italienisches Disco-Design der siebziger Jahre oder mit Fotos von Steingärten in den Abruzzen. Mit hübschen Eimern und Gießkannen unter blühendem Rankwerk. Der Gärtner sprach: »Ich will, daß es hier rankt, weil det Ranken mir frommt.« Und es rankte prompt. Diese Bücher liegen flach auf dem Beistelltischchen, denn die *coffee table books* betreffende Regel lautet: *Nie aufrecht, immer flach.* Diese Bücher sind gut, weil man sich als Gastgeber auf dem Klo so richtig Zeit lassen und austoben kann. Man könnte sogar in die Stadt fahren und fragwürdige Bekanntschaften schließen.

PS: In den USA gibt es eine Glühbirne, die seit hundert Jahren brennt. Sie ist eine Touristenattraktion. In meinem Badezimmer habe ich eine ähnliche Sensation, nämlich einen Saughaken, der **seit über drei Monaten** an der Tür klebt, obwohl er einen schweren Bademantel trägt. Ich würde diesen Superstar unter den Saughaken gern in die Weltkulturerbe-Liste der UNESCO eintragen lassen, aber ich habe die Adresse nicht.

Ein gutes und ein schlechtes neues Wort für Männer

(November 1997)

Seit ich zurückdenken kann, gibt es junge Männer, die sich, statt auszugehen, abends daheim einem Steckenpferd widmen, sich von Miracoli ernähren, keine Freundin haben, darunter aber nicht groß zu leiden scheinen und hellblaue Oberhemden und Hosen mit Gürtelschlaufen, aber ohne Gürtel tragen. Eine Bezeichnung für diese Sorte Männer war mir nicht bekannt. Vor einem Jahr aber hörte ich erstmals das Wort *nerd.* Was das ist, wollte ich wissen. Ich bekam zur Antwort: »Das sind so Leute wie Bill Gates, so leicht asexuelle Männer mit Brille, die den ganzen Tag vorm Computer sitzen.« Von einer Amerikanerin erfuhr ich, daß man während ihrer High-School-Zeit vor zwanzig Jahren zuerst kein passendes Wort für diese bei den Studentinnen weniger beliebten Kommilitonen gekannt habe, aber plötzlich wäre *nerd* aufgetaucht, und alle wären für dieses dringend benötigte Wort dankbar gewesen wie für einen lang herbeigesehnten Regenschauer. In einem Wörterbuch las ich die Nebendefinition: »Person mit einem ungeselligen Hobby, z. B. *computer nerd.*« Hier muß ich hinzufügen: Auch vor dem Einzug der Elektronenhirne in Privathaushalte gab es schon *nerds.* Sie beschäftigten sich mit CB-Funk und löteten. Was viele heute nicht mehr wissen: Löten war früher eine der wichtigsten Beschäftigungen außerdienstlich unterforderter Männer.

Für die Anhänger einigermaßen solider Charakterisierungen nun einige Allgemeinheiten über *nerds:* Sie haben eine sogenannte *Bettfrisur,* d.h. irgendwie plattgelegene Haare, auch abends, und geschnitten werden die Haare nur drei oder viermal im Jahr, aber eher von einer Freundin der Mutter als von einer Fachkraft. Sie haben ein Abo für eine komische Fachzeitschrift, und sollte diese mal nicht pünktlich kommen, e-mailen sie sofort eine Beschwerde. *Nerds* haben verschleppte Hautkrankheiten, insbesondere den *Oberkörperpilz,* der immer wieder kommt. *Nerds* besitzen evtl. sogar mehrere übereinanderliegende Hautkrankheiten, die aber alle harmlos sind und sich, wer weiß, gar in wunderbarer Weise ergänzen. Sie pflegen sich mit Deo-Sticks, Spucke und Elektrorasieren, wovon letzteres von manchen *non-nerds* als etwas unmännlich empfunden wird, was aber dünkelhaft ist. Obwohl *nerds* durchaus nicht unbedingt dicklich oder häßlich sein müssen, es gibt auch naturgegebene Schönheit unter ihnen, lassen sie sich nicht gern fotografieren, es sei denn mit dem Baby ihrer Schwester im Arm. Zu ihrer Familie haben sie überhaupt ein gutes Verhältnis, aber daran, eine eigene zu gründen, denken sie erst spät. Ihr bester Freund stammt noch aus der Schulzeit. Treue Seelen sind sie wahrlich.

Auf dem Kleiderschrank liegen Kartons von Elektrogeräten. Sie essen Tiefkühlpizzen und zu feierlichen Anlässen auch welche vom Bringdienst. Politisch gibt es sie in jeglicher Schattierung, doch gastronomisch neigen sie zum Ultrakonservativen.

Morgens gibt's Toast mit Marmelade, aber Erdbeermarmelade muß es sein, sowie holländischen Klotzkäse, den sie sich im Geschäft schon in Scheiben schneiden lassen. Ausprobiert wird nie etwas. Schon Appenzeller Käse oder Pecan-Nüsse wären zu exotisch für einen *nerd.* Sein Lieblingskäse ist theoretisch der Leerdamer. Hat ja auch einen okayen, gewohnheitshalber »nussig« genannten Geschmack, das okaye Produkt. Problem: *Nerds* wissen nicht, daß es Leerdamer gibt, sind sie doch seit jeher mit Gouda, jung (100 g/–,99), Edamer (100 g manchmal sogar nur –,89) und Tilsiter (100 g/gratis) so durch und durch zufrieden.

Da sind sie ganz anders als die *Neoisten.* Diese stehen in ihren Lokalen und erwarten stets das Neue in den Reichen der Technik, der Bekleidung, des Speiseplans, am liebsten aber in den Künsten. Da jedoch erstens ihre Aufmerksamkeit so ungeschult und unterentwickelt ist wie die der meisten anderen Menschen und sie zweitens Knechte jenes Irrtums sind, der sagt, daß sich das Neue in der Kunst so laut und farbenfroh ereignen würde wie in der Welt der Konsumprodukte, merken sie nie, wenn was Neues erscheint, und begnügen sich froh plappernd mit Trends, Revivals und Werbung. Was die Aufmerksamkeit betrifft, gilt es indes, den *nerd* zu loben. Er, der Außenseiter ohne Pein, hat früh gelernt, sich mit sich selbst zu beschäftigen. So kann er Dinge mit eigenen Augen erkennen und Wege und Werte selbst bestimmen.

Nerds haben sehr große Schlüsselbünde und sehr kleine Kaffeemaschinen, meist diejenige der Firma Severin für DM 29,90. Am Schlüsselbund ist mindestens ein Schlüssel, von dem nicht mehr bekannt ist, zu welchem Schloß er gehört. Für Musik haben sie keinen Sinn, manche aber lieben deutschsprachigen Punk, und die meisten halten Bob Dylan für einen großartigen Songwriter. Viele besitzen einen Ordner, in welchem sie aus dem Internet ausgedruckte Set Lists sämtlicher Dylan-Konzerte der letzten Jahre haben. Mag sein, daß das Desinteresse des *nerds* am Erlesenen und Verfeinerten etwas fad ist, doch ist er im großen und ganzen ein menschlich recht Guter. Wohl dem, der einen *nerd* kennt, wenn er in Nöten ist. Wenn man einen Wasserhahn hat, aus dem zu wenig Wasser kommt, dann schraubt der *nerd* vom Wasserhahn das ab, was beim Mann die Eichel wäre und sagt: »*Der Perlator ist versalzt.* Hättest du das nicht selber herausfinden können?« – »Ich wußte gar nicht, daß man beim Wasserhahn die Eichelentsprechung abschrauben kann, und nach was für Nüssen, for heaven's sake, schmeckt denn bitteschön Leerdamer. Es gibt doch keine Nüsse, die nach Käse schmecken«, spricht darauf der *non-nerd.* Hat eine Frau einen schlechten Mann, dann ist es gut um sie bestellt, wenn sie einen *nerd* zum Bruder hat, an dessen Brust – fuck the Oberkörperpilz – sie sich ausweinen kann. Zwar ist die Hauptdefinition des Wortes *nerd* laut Wörterbuch »Dummkopf«, aber das ist veraltet. Heute ist es eine nicht wertende Bezeichnung für die soeben umrissene Art von Mann. In seiner Anspruchslosigkeit und Unverzicktheit ist der *nerd* ein liebenswerter Mitbewerber um die Gunst von Gegenwart und Himmel. Aber Aufmerksamkeit ist angebracht: Es gibt auch öde Szenetypen, die sich lediglich eines *nerd looks* bedienen, um edelstubenhockerisch angekränkelt zu erscheinen und so Mädchen zu fangen, die sich gern an mit falbem Leder bespannte Knochen schmiegen. Solche gibt's! Doch prüfe man von Fall zu Fall und verdamme nicht unbedacht jeden Versuch einer Neuformulierung von Eleganz.

Soviel zum *nerd.* Ein anderes Wort, was mir in letzter Zeit auffiel, ist der *Warmduscher.* Insbesondere in Veröffentlichungen aus Süddeutschland ist es mir entgegengetreten, und zwar als Schmähwort gegen irgendwie weiche, überpflegte, konturschwache Männer mit zu rosigem Teint, oder aber allgemein gegen uneigenwillige, wenig risikobereite Gestalten. Es ist eine der armseligsten und weltfremdesten Beleidigungsvokabeln, die mir je untergekommen sind. Unter einer Voraussetzung könnte ich verstehen, wie man dem Reiz erliegen kann, einen anderen des warmen Duschens zu bezichtigen, und die wäre, daß es eine große und weiter wachsende Anzahl von Menschen gäbe, die sich kalt abzuduschen pflegen. Dies ist aber nicht der Fall. Ich weiß das, weil ich mir in einem jener Brachialsommer der frühen neunziger Jahre das Kaltduschen angewöhnt habe und es nun seit einigen Jahren betreibe. Da es mir sehr gut tut, erzähle ich gern davon und empfehle es anderen, aber immer höre ich: »Was? Das machst du? Das könnte ich nie!« Als Kaltduscher werde ich geradezu um meinen Mut beneidet, was lächerlich ist, weil man sich rasch daran gewöhnt. Ich tue es sogar bei ausgefallener Heizung im Winter, denn, wie einer der wenigen anderen mir bekannten Menschen sagte, die auch *immer* kalt duschen, die Malerin Hübner aus Wien, wird man süchtig nach dem kalten Wasser. Nach zwei Jahren würde man beginnen, sich vor warmen Duschen oder gar vor Wannenbädern zu ekeln. Oh, das ist richtig. Einmal schrieb ich in das Gästebuch eines Hotels: »Ihr Leitungswasser ist nicht kalt genug.« Hart und eisig muß der Strahl auf ein starkes und stürmisches Herz prallen. Mit warmem Wasser duscht man viel zu lange, wodurch die Haut runzelig wird, und in den Runzeln machen es sich Pilze aller Rassen und Klassen gemütlich und nötigen einen, sich mit nach Harnstoff riechenden Breitbandfungiziden einzucremen. Das macht nichts, erwidern nun die Warmduscher, bei uns sind die Spiegel so beschlagen, daß wir unsere verpilzte Haut nicht sehen können.

»Über meine Hände, über meine Arme, über meine Schultern, über meine Beine, über meine Schenkel, über meine Brust. Kaltes klares Wasser über meine Hände, über meine Arme, über meine Beine, über meine Schenkel, über meine Brust«, sang die Berliner Frauengruppe *Malaria* 1982 auf ihrer Maxi »Kaltes klares Wasser«. Mehr Lyrics gab es nicht, aber das ist Songtext genug, um sich vor Katarrh zu schützen. Früher war ich so erkältungsanfällig, daß ich manchmal sogar die Schnittmenge zweier Erkältungen erlebte – die Nachwirkungen der gerade zurückliegenden überlappten sich mit den Vorboten einer kommenden. Lang ist's her. Zwar wagt es auch heute noch ab und zu eine Erkältung, bei mir anzuklopfen, doch ich bin mein eigener Empfangschef und sage nein, indem ich ein Glas Sauerkrautsaft, einige Löffel Honig und eine rohe Zwiebel zu mir nehme, da schwör ich drauf, und die Erreger schwirren ab, und wenn sie doch mal etwas hartnäckiger sind, dann dauert der Spaß anderthalb Tage, und gut ist's.

In neutralem Licht betrachtet, dürfte das Erwärmen von Wasser zur Reinigung des menschlichen Körpers eine der größten Idiotien der Menschheit sein. Ich habe keine Ahnung von Energiewirtschaft, aber ich möchte doch anregen, den hübschen Satz »Ohne die Warmduscherei wären Atomkraftwerke unnötig« erstmal auf seine Volumenprozente an Wahrheit hin zu untersuchen, bevor man sich wegen seiner vermeintlichen Drolligkeit auf dem Laminat rollt. Ich habe gelesen, daß allein der Stand-by-Betrieb aller europäischen Fernsehgeräte die Menge Strom verbraucht, die ein AKW pro Jahr produziert. Das mag entweder falsch oder richtig berechnet sein, aber holla holla: Wenn allein 80 Millionen deutsche Bettschwitzer morgens auf kaltes Wasser umstiegen, was man da wohl sparen könnte! Und es ist so leicht! Man muß einfach sagen »Action!« und den Hahn aufdrehen. Ich bin der Wohllebe und der Bequemlichkeit zugetan, wahrlich kein Asket, aber kalt zu duschen, ist einfach, erfrischend, gut für die Haut, und es stärkt den Tatendrang. Nach ein paar Monaten wird jeder sagen: »Lächerlich, daß ich einen Verlust an Lebensqualität befürchtet hatte. Es ist ein Gewinn!« Und anders als beim Rauchen, welches man in seiner Überflüssigkeit gut mit dem Warmduschen vergleichen kann, gibt es keine Entzugserscheinungen. Als Beleidigungsvokabel ist »Warmduscher« aber wenig effektiv. Zwar gibt es einige, die kalt duschen, ebenso wie es ein paar Menschen gibt, die barfuß gehen oder die Nacht auf harten Matten verbringen. Würde sich aber deswegen jemand gekränkt fühlen, wenn er als Schuhträger oder Bettschläfer bezeichnet wird? So wenig ich übrigens bislang von weiblichen *nerds* gehört habe, so selten kam mir unter, daß man Frauen wegen warmen Duschens Schimpf antat.

Wie mancher vielleicht weiß, bin ich ein Sammler noch nicht breitgetretener Unterschiede zwischen den Geschlechtern. Hier ist ein neuer: Ein Mann wechselt mit dem Tode sein Geschlecht. Aus »der Mann« wird »die Leiche«. Frauen haben nicht unter dieser ungewollten grammatischen Todestranssexualität zu leiden. Sie bleiben, was sie sind.

Wofür lernen Schüler? Für das Leben oder doch nur für die Schule?
Oder für den Frisör, zu dem man gehen muß, bevor man Mitglied von Hare Krishna wird?

umlernen, damit ihnen im Abitur die ver- nologisch überholt ist. Wer außerhalb

Vage Erinnerung an einen Film des Steppdeckengenres

(Dezember 1997)

Beim Schieben des Tabletts über die Tablettschiene des SB-Büffets in der Cafeteria des Glasgower Kunstmuseums hing mir kurz das Netzkabel der Registrierkasse in die Linsensuppe. Amüsiert aß ich die Suppe. Danach informierte ich zwei Personen per Postkarte über das Netzkabel in der Suppe. Es sind ja nicht alle Leute so stieselig und verschmähen solche Bekanntmachungen. Dann las ich in der mitgebrachten Schweizer Zeitung einen Artikel über Buenos Aires. Daß es dort zugehe wie in der brandenburgischen CDU. Dies ist eine neue Redensart, die das bedeutet, was früher mal die Redensart »Polnische Wirtschaft« bedeutete. Die Leute von der Brandenburger CDU schmeißen sich nämlich gegenseitig vergammelte Pizzen hinter die Aktenschränke und rülpsen im Hintergrund herum, wenn Fraktionskollegen telefonische Radiointerviews geben. Ähnliches läßt sich über Buenos Aires sagen. Dort ist die Kanalisation dermaßen verstopft, daß einmal der UNO-Generalsekretär mit dem Hubschrauber gerettet werden mußte, nur weil es eine Stunde lang mittelprächtig geregnet hatte. 28 Verkehrstote soll es täglich geben, doch ebenso rügenswert schien dem Schweizer Journalisten die Art, wie in der argentinischen Hauptstadt das Be- und Entladen von Lieferwagen erfolgt, nämlich **nach Gutdünken**. Dies zu lesen tat mir innerlich weh, und so dachte ich: »Ich verwöhnte alte Jet-Set-Schnecke lümmele in der Cafeteria und schaufele Linsensuppe in mich rein, und in Argentinien werden die LKWs nach Gutdünken entladen. Ich sollte mich was schämen!« Ich schämte mich dann aber doch nicht, sondern griff zu einer schottischen Zeitung. Darin las ich etwas über die

Argentinische Ameise, die für Los Angeles das ist, was für New York die Küchenschabe ist. Eine Gang dieser Ameisen, so las ich, kann ein feuchtes Schneidebrett so dicht bedekken, daß es aussieht wie ein Stück Mohnkuchen! Nicht nur das: Sie vermiesen auch den kalifornischen Erntearbeiterameisen *(harvester ants)* die Zukunftschancen, indem sie sich ihnen gegenüber aufführen wie ein Rudel Wölfe hinsichtlich eines Elches: Fünf oder sechs Argentinische Ameisen werfen sich auf eine der größeren Erntearbeiterameisen und reißen ihr die Beine aus. Aus Argentinien scheint nichts Gutes zu kommen. Viel Bandoneongedudel kommt daher, man dudelt dort vor allem für den Export, denn Astor-Piazolla-Musik ist hierzulande der wichtigste Stützpfeiler eines musikalischen Genres, das man **Bessergestellten-Listening** nennen könnte, und dem ansonsten so unterschiedliche Musiker wie Jamiroquai, Kruder und Dorfmeister oder der italienische Rapper Jovanotti unterzuordnen sind.

Der Bessergestellte kommt heim, tut eine Bandoneon-CD in den Tray, und schon hat er eine beschwingte Melancholie, eine Melancholie zum mit geschlossenen Augen in der Einbauküche herumschwanken, da werden alte Männer gesehen, die an alten Tischen sitzen, gut *südlich verrunzelt,* nicht so unattraktiv *nördlich verrunzelt* wie alte Leute bei uns. Da signalisiert die Zigarette auf einmal wieder Erotik, und der Wein ist plötzlich wieder Lebensglut und nicht mehr nur ein gewisses Problem, über das man vielleicht doch endlich mal mit jemandem reden sollte. Die, die so die Melancholie futtern wie eine angesagte Nachspeise, wissen natürlich nicht, daß die Argentinier so traurig dudeln, weil ihre Rohre alle verstopft sind. Beim Bessergestellten ist nur die Aufschäumdüse der Capuccinomaschine verstopft, aber das reicht ja womöglich auch, um sich einzuschleimen, reinzuzelebrieren in fotogenen Schwermutszinnober.

Übrigens herrscht nicht nur im argentinischen Lieferwesen das Diktat des Gutdünkens. In rumänischen Hotels sollen die Nutten so lange nach Gutdünken gegen die Zimmertüren wummern, bis man sie entnervt zu sich reinholt. Die Nutte liegt dann im Bett, und der möglicherweise treu vermählte oder gar homo empfindende Hotelgast liegt auf dem Bettvorleger. Hauptsache, die Nutte wummert nicht mehr. In Tokio gibt es Automaten, aus denen man getragene Teenagerslips ziehen kann. Dort kennt man wohl auch die Geschichte, daß ein Mann abends zu seiner Frau sagt, er gehe nur mal rasch zum Teenagerslipautomaten, und dann kommt er nie wieder nach Hause. In Rio de Janeiro kann es sogar in manchen Gegenden passieren, daß man da nichtsahnend herumfährt, und an einer Ampel hält einem ein Mann sein maskulin erfreutes Außengedärm ins runtergekurbelte Seitenfenster. Die Welt ist eigentlich wunderbar bunt und interessant.

Bunt ist's auch in der Wohnung. Neulich habe ich mit einem Gehilfen einen antiquarisch gekauften Kronleuchter auseinandergenommen, um die einzelnen Teile in Seifenlauge zu reinigen. Danach lagen all die vielen Kettchen und Klunker unterschiedlicher Größe nebst Wachsauffangschalen und anderen Teilchen in munterer Mischung auf dem Tisch, und nun ging es daran, das Ding wieder zusammenzubauen! Dies war absolut intensives Erleben, vergleichbar nur mit einer Hochgebirgswanderung im Gewitter mit gleichzeitigem abruptem Wechsel sowohl der religiösen als auch der sexuellen Orientierung. So etwas kann einem kein Hollywoodschinken bieten. Filme bieten einem ohnehin nicht viel außer Zeitvertreib. Die meisten Leute haben einen Film nach wenigen Stunden fast vollständig vergessen, und Dinge, die man eh gleich wieder vergißt, braucht man gar nicht erst zu erleben. Statt sich Raufereien auf der Leinwand anzuschauen, sollte man sich lieber selber zusammenschlagen lassen. Das kann man sich doch viel besser merken. Vielleicht fehlt mancherorts die innere Bereitschaft, das eigene Leben als Erlebnis aufzufassen. Ist es nicht schon ein Erlebnis, wenn man aufgrund morgendlicher Eile mit noch nicht ganz trockenen Beinen in eine Hose steigt? Trotzdem gehe ich etwa 25mal im Jahr ins Kino. Eigentlich könnte man das lassen. Ich versuche jetzt mal als Experiment den Inhalt eines x-beliebigen Filmes wiederzugeben, den ich mir vor vielleicht anderthalb Jahren ansah. Ich bin schon gespannt, wieviel die vage Erinnerung mit dem eigentlichen Film zu tun hat, aber ich bin nicht sehr optimistisch.

Der Film hieß **An american quilt,** der deutsche Verleihtitel lautete **Ein amerikanischer Quilt,** obwohl das Wort Quilt in Deutschland nicht verwurzelt ist. Hätte man es jedoch übersetzt, wäre niemand in den Film reingegangen. Er hätte geheißen **Eine amerikanische Steppdecke.** Bzw. Bettüberwurf oder Tagesdecke. Ich wußte nichts über den Film, aber ich gehe **traditionell und grundsätzlich in sämtliche Steppdeckenfilme.** Bei dem Sujet hatte ich erwartet, zwischen lauter älteren Damen zu sitzen, aber ich war von kuschelnden Teenagerpaaren umgeben, denn, das hatte ich übersehen, Winona Ryder spielte die Hauptrolle. Hier konnte ich also hautnah erleben, was an der faschistoiden Wahnvorstellung, junge Leute würden sich nicht für Steppdecken interessieren, überhaupt dran ist. Ein feuchter Kehricht ist da dran. Es kommt allerdings drauf an, von wem die Steppdecke vermittelt wird.

Winona Ryder spielte in dem Film eine junge Frau, die irgendwo wohnt. Ich glaube, in einer dieser netten amerikanischen Universitätsstädte wie Iowa City oder Austin/Texas. Vielleicht war es aber auch New York. Man konnte das schlecht erkennen, weil sie immer im Zimmer saß und irgendwas machte. Sie hatte auch einen Freund, aber der war nicht besonders, irgendwie zu dünn und mit doofen Haaren und ohne Ausstrahlung. Er trug eine langweilige beige Hose und ein billiges hellblaues Hemd. Einmal kam er mit einem Karton ins Zimmer, aber ich weiß nicht mehr, was da drin war. Die Stimmung zwischen den beiden war nicht optimal, aber es gab Heiratspläne. Dann fuhr die junge Frau aufs Land, nach North Carolina oder South Carolina oder weiß der Geier was für ein Carolina, jedenfalls befand sich dort so ein schönes altes Holzhaus, wo man abends davor sitzen und im Schaukelstuhl Alkohol trinken kann. Winona Ryder wollte in der ländlichen Abgeschiedenheit glaub ich eine Art Prüfungsarbeit schreiben, und zwar über Steppdecken. Das schöne alte Haus war zufällig auch belebt von einer Gruppe von älteren Frauen, die eine Steppdecke nähten. Natürlich keine klassische deutsche Miefsteppdecke der Art, wie man sie früher aus dem Keller holte, wenn nach hartgekochten Eiern riechender Übernachtungsbesuch aus der DDR kam, sondern einen Familienquilt. Quilte sind gewissermaßen sprechende Bettüberwürfe, auf welche Frauen in großer Runde Ereignisse aus der Familienchronik draufsticken oder draufpatchworkeln – es gibt verschiedene Techniken; welche im Film Anwendung fand, weiß ich nicht mehr. Oder jede Frau gestaltet einen eigenen kleinen Lappen, und zum Schluß wird alles zusammengenäht, und diese zusammengestoppelte Decke muß die junge Frau, der sie zur Hochzeit geschenkt wird, ihr ganzes Leben lang über ihr Bett werfen. Die älteren Frauen im Film waren ausgezeichnet, sie schnaubten und resümierten, tranken vor der Haustür Alkohol und erinnerten sich alter Leidenschaften, indem sie langes und graues, aber schön schimmerndes, wahrscheinlich mit Guhl-Spezialshampoo für weißes und graues Haar gewaschenes Haar auf der Veranda ausbreiteten wie Dahlien, die sich im Windhauch der Novemberglut ein letztes Mal fauchend aufbäumen. Eine wunderbare Formulierung für wunderbare Damen!

Hier soll jetzt bitte schön mal auf einen allgemeinen Unterschied zwischen Straße und Film hingewiesen werden: Auf der Straße ist es begrüßenswert, wenn einem viele hübsche junge Personen entgegenkommen und nicht nur Hutzelwutzel-Leutchen. In Filmen sind ältere Gesichter meist interessanter. Die furchtbar vielen hübschen jungen Frauen, die ständig an den Soft-Eis-Apparaten von Voltigierschulen und in H&M-Umkleidekabinen entdeckt werden, um dann in demografisch merkwürdiger Überzahl vor deutschen Kameras tätig zu werden, tragen auch ein wenig dazu bei, daß ich den vielbejubelten hohen Marktanteil des deutschen Filmes nicht anders sehen kann als den derzeit ebenfalls hohen Marktanteil deutscher Unterhaltungsmusik: Ich freue mich, daß Filmleute und Musiker in Brot und Arbeit stehen, die Produkte selbst sind meist charakterlose Zeugnisse der deutschen Vernarrtheit in alles Allgemeinverständliche und Durchschnittliche.

Doch weiter mit Winona Ryder. Einmal zog es sie ins Freibad, wo sie die Bekanntschaft eines auf ansprechende Weise angeschwollenen Latino machte. Nach einer Frist anstandsgemäßen Zauderns ist sie mit dem Schmuckstück in ein gemütliches Landschaftsdetail gefallen, und zwar um des Knusperns willen. Viel konnte man aber nicht sehen, denn der Film war ab 12 oder sogar ab 6. Später kam dann noch ein Hurrican oder sonst ein landestypischer Gewaltwind, welcher all die Blätter ihrer Arbeit über Steppdecken im Garten verwirbelte, und zum Schluß erschien noch einmal der Dröge, der anfangs den Karton in der Hand hatte. Plötzlich war alles wieder im Lot mit den beiden. Die Botschaft lautete: Die Schönlinge, die am Beckenrand lagern, sind doch Luftikusse, nimm lieber den Soliden mit der Stoffhose. Den Teenagern um mich herum hat dieses Resumee ebenso wenig wie mir gefallen.

(Stoffhose. Gibt's den Ausdruck überhaupt noch? So nannte man in meiner Jugend die unbeliebten Hosen, diejenigen, die weder Jeans noch Cordhosen waren: Sonntagshosen.)

Schließen will ich mit zwei disparaten Einzelheiten, betreffend das Jung- und Altsein. Ist es nicht merkwürdig, daß **Gleichaltrige** immer jung sind? Wenn ein Jugendlicher mit anderen Jugendlichen zusammenfindet, sagt man, er treffe sich mit Gleichaltrigen. Wenn ein alter Mensch sich mit seinen alten Freunden im Café trifft, sagt man nicht: Oma trifft sich mit Gleichaltrigen. Streng genommen sind alte Menschen ja auch nicht alle gleich alt. Dem wird am Starnberger See Rechnung getragen. Bei einer dort operierenden Schifffahrtsgesellschaft gibt es eine Staffelung von Senioren- und Greisenermäßigung. Ab 65 zahlt man den halben Preis, ab 85 fährt man gratis.

Nachspann: Ich erinnere mich noch gut, wie sehr es mich erstaunte, daß im Nachspann von »An american quilt« sieben Stunt-Leute genannt waren. Daran, daß gefährliche Szenen in dem Film vorkamen, kann ich mich jedoch gar nicht erinnern. Es wurde doch vor allen Dingen genäht. Gab es, aufgrund der Unerfahrenheit der Schauspielerinnen mit Nadel und Faden, etwa Nadel-Stunts? Früher verwendete man einfach Fingerhüte!

PS: Normalerweise denke ich nicht an Zielgruppen. Bei diesem Text würde mir jedoch gefallen, wenn er eine gewisse Bekanntheit in Schauspielschulen erlangen würde, damit angehende Schauspieler, wenn sie einander seelisch verkrüppeln wollen – und wer könnte ihnen diesen Wunsch verübeln? –, einander folgende Sätze an den Kopf schleudern können: »Dich haben sie doch auch nur in der Voltigierschule am Soft-Eis-Automaten entdeckt!« bzw. »Und was ist mit dir? Du bist doch auch nur eine von den Zigtausenden nichtssagender kleiner Fratze, die täglich von schmierigen Talent-Scouts aus H&M-Umkleidekabinen gezerrt werden.«

Arrivederci Kolumne, Hyvää päivää Abwesenheit von Kolumne

(Januar 1998)

Ich bin ein Kind des Nordens, wo die Menschen im Winter Grünkohl essen und »Sonnabend« sagen statt »Samstag«. Böse Personen wollen die Menschen des Nordens ihrer eigenwilligen Wochentagsbezeichnung berauben, weil sie meinen, die Kalenderabkürzung »Sbd« sei ein Stolperstein wenn es darum geht, Kalenderabkürzungen herunterzusingen (»Mo Di Mi Do Fr Sbd So«), oder die Fügung »Sonnabendabend« sei gar »unschön«. Nur Leute mit einem höchstens durchschnittlichen Formempfinden und einem läppischen Sinn für Rhythmus und für schicken Sound werden sich dieser faden Büromenschenmeinung anschließen können. Es heißt ja auch gar nicht »Sonnabendabend«, sondern »Sonnamtahmd«, und das ist so schön wie ein Sonnenuntergang an einem Sonnabendabend an einer schönen Stelle im Orient, also nicht in einem Elendsviertel, die es da ja leider auch gibt, sondern an einer Superstelle mit Marmor, wo gerade eine riesige Flasche mit ganz tollem Parfüm umgekippt ist. Unschön ist eher das Wort »Samstag«. Ich zucke immer zusammen, wenn ich das schlimme Wort höre. So wie wenn ich zusammenzucken würde, wenn ich von einer Kommerzienrätin zu einem feierlichen Tee anläßlich des 50. Gründungstages des von ihr finanziell geförderten Waisenhauses eingeladen wäre, und alle sitzen da mit steifen Hemdbrüsten und Blumengestecken im Haar, und die Kommerzienrätin gebraucht in ihrer Tischrede plötzlich das Wort »Fotze«. »Samstag« und »Fotze« – das ist für mich der gleiche Sound, das gleiche Zusammenzucken. Wir im Norden sollten nicht nur auf unserem Sonnabend bestehen, sondern nicht nur zusammenzucken, sondern zuschlagen, wenn uns jemand mit ordinären südlichen Wochentagsbezeichnungen kommt. Auch sonst ist die Sprache des Nordens schön. Südöstlich von Bremen liegt der Ort Achim. Laut einem Gewährsmann gibt es dort eine sprachliche Eigenwilligkeit. Angeblich lieben es die Achimer, hinter den Vokal A in manchen Fällen ein R einzuschieben. So würden sie sagen »Limonarde«, »Schokolarde« und »Die Narzis arßen Tarnte Kartarina die Prarlinen weg«. Dies ist einerseits eine Frechheit von den Narzis, andererseits freilich eine stark endemische sprachliche Besonderheit. Im ganzen Norden ist hingegen der Spruch bekannt: **Nun ist aber Schluß mit lustig.**

Dies sagt der Kopf der Mutter, der sich durch den Türspalt schiebt, weil die Kinder schon seit zwei Stunden auf den Betten hüpfen statt zu schlafen. Dies sagt auch der Kolumnist, der seinen Lesern mitteilen will, daß sie künftig wohl vergebens nach seinen Bemerkungen suchen werden. Und in der Tat: Nach 107 Texten soll nun Schluß mit der Kolumne sein. Hier der Abschiedstext:

Intaktes Abdomen dank coolem Verhalten

Da ich mich als einen Anwalt der Umwelt begreife, bin ich auch ein großer Freund der Tiere. Sehe ich einen Mitbürger, der sich mit einer Heckenschere oder einem Saxophon einem Kätzchen nähert, dann sage ich: »Aber nicht doch, mein Herr!« Jeder versteht das. Insgesamt sind Tiere aber nicht so beliebt wie die Tierfilme des Fernsehens. Knackt der Mensch eine Haselnuß, und es starrt ihn statt des erhofften Natursnacks die fahle Fratze einer Made an, dann legt die Lebensfreude eine kurze Verschnaufpause ein. Anschnauzen muß man die Made deswegen nicht gleich, denn es ist ja bekannt, daß sie sich eines Tages zu einer unersetzlichen Mitkreatur entwickelt, die einem blöde vor der Fresse rumfliegt. Es ist aber ebenso unnötig, niederes Gewürm mit Glacéhandschuhen anzufassen. Das ökologische Gleichgewicht ist kein Kartenhaus, welches zusammenfällt, wenn man eine darauf sitzende Fliege zerpatscht. Die Biester setzen sich ja allzu gerne auf Kartenhäuser. Unerwünschte Fliegen zerpatsche ich stets, da grummelt kein Gewissen in mir. Nur mit erwünschten Fliegen geh ich anders um. So sind wir Menschen. Niemand, in dessen Teppich eine Million Milben schmatzend ihr Tagewerk verrichten, wird zermürbt sein, wenn er erfährt, daß sich ihre Anzahl aufgrund einer milbeninternen Naturkatastrophe halbiert hat. Da kann ein Naturschützer noch so ganzheitlich orientiert sein – die Tränen, die er weint, wenn er aus Nachlässigkeit im Badezimmer ein Silberfischchen zertritt, werden rascher trocknen als jene, die über seine Wangen rinnen, wenn er im Bad versehentlich einen sibirischen Tiger erschießt.

Wie würde wohl die Tierannahmeperson des Tierschutzheims gucken, wenn man ihr mit einer in Leberwurst gebetteten Geschwisterschar von Maden ankommt? Sie würde schön poltern! Es wäre immerhin ein angebrachtes Zeichen von Aufrichtigkeit, wenn die Tierschutzvereine sich umbenennen würden in »Verein zum Schutz allgemein als sympathisch geltender Tiere«. Pelzig, süß, gefiedert oder zumindest selten müssen Tiere sein, wenn sie der Menschen ungeteilte Gunst genießen wollen. Auch eine gewisse Mindestgröße ist erforderlich, denn man sympathisiert nicht gern durch Lupengläser.

Was aber, wenn Mäuse ins Haus kommen? Die sind total niedlich und mit bloßem Auge gut sichtbar, d. h. theoretisch beliebt. In der Praxis sind sie unerwünscht, denn sie kacken in den Mozzarella, wovon man Cholera bekommt. Wegen der lieben Äuglein der Tiere wird der Kauf von Mausefallen jedoch von nagendem Skrupel begleitet. Nun las ich in der Zeitschrift ›natur‹ von einer Dame, die per Zufall einen Ausweg fand. Sie hatte nicht nur Mäuse im Haus, sondern, als ob das nicht reichen würde, auch noch einen Sohn, und der hatte Geburtstag. Er wünschte sich ein Schlagzeug, bekam eines und übte fleißig. Die Mäuse mochten das gar nicht hören und verließen das Haus, wonach die Mutter zum Papier griff und zum Thema ökologisch vertretbare Mäusevergrämung einen Brief an die Zeitschrift ›natur‹ schrieb.

Und was ist mit Spinnen? Hier rate ich zu Gelassenheit. Die Mozzarellatüte kriegen die nie auf. Sie sind zu zart gebaut. Zu zart auch, um wirklich grausig zu sein. Ihre Beine sind eigentlich nur bessere Schamhaare. »Bessere Schamhaare?« rufen nun Kritiker. »Besser als Ihre Schamhaare vielleicht, aber schlechter als unsere.« Nun gut, dann eben schlechtere Schamhaare. Wenn man aber eine Spinne dazu kriegt, Männchen zu machen, dann sieht sie aus wie eine Can-Can-Tänzerin auf einem Gemälde von Toulouse-Lautrec. Dies ist schon ein erfreulicherer Anblick als Kritikerschamhaare. Leider bestehen Spinnen nicht nur aus Schamhaaren. Da, wo andere Leute ihre vier Buchstaben haben, findet sich bei Spinnen eine unsympathische schwarze Kugel namens Abdomen, in welcher sie ihre Eingeweide aufbewahren. Da es der Behaglichkeit abträglich ist, wenn diese Eingeweide die Rauhfaser herunterrinnen, zerpatscht man Spinnen nicht gern. Ich persönlich bin äußerst cool, was Spinnenbesuch angeht. Wenn im TV gerade eine tschechische TV-Groteske begonnen hat und ich bemerke eine Spinne an der Wand, dann gucke ich die tschechische TV-Groteske erst einmal zu Ende, stelle den Fernsehapparat aus, trinke in Ruhe ein Glas Limonade, und erst dann schreie ich mit fingiertem Entsetzen: »Igitt, eine Spinne!« Anschließend hole ich mir eine

Ansichtskarte und einen Zettel. Mit der Postkarte kratze ich den achtbeinigen Gast von der Tapete, so daß er auf den Zettel purzelt, und dann wuppdiwupp aus dem Fenster damit. Saubere Wand dank intaktem Abdomen, intaktes Abdomen dank coolem Verhalten.

Da die Medien manchmal nicht recht wissen, was sie den Bürgern berichten sollen, liest man seit einiger Zeit immer wieder etwas von einem Trend zur Insektenküche, denn Insekten seien preiswerte Proteinbomben, die mit Cholesterin geizen. In den Metropolen soll es schon entsprechende Restaurants geben. Sicher sind dort auch Spinnengerichte im Angebot. Wohl weiß ich, daß Spinnen keine Insekten sind, doch man weiß ja nicht, was ein Gastronom so weiß. Man denke sich nur: frischgepreßter Spinnenabdomensaft oder Spinnenabdomensalat. Ich möchte die Leserinnen und Leser bitten, in meiner Gegenwart das Wort »Spinnenabdomensalat« weder oft noch laut auszusprechen. Normalerweise finde ich Leute, die einem verbieten wollen, bestimmte Wörter zu benutzen, z.B. »Betroffenheit« oder »Vaterland«, ziemlich bescheuert, aber »Spinnenabdomensalat« finde ich wirklich viel schlimmer als »Risikogruppe« oder »Power-Frau«. Ein weiteres, die Mundwinkel nach unten zerrendes Wort ist Seepockensperma. Es gab einen Tierfilm im Fernsehen, und dort wurden Seepocken als die Tiere mit den im Verhältnis zum übrigen Körper längsten Penissen der Fauna angepriesen. Die Penisse sahen aus wie chinesische Nudeln. In Großaufnahme sah man die warzenartigen Kreaturen mit ihren Nudeln wedeln, und dann kam auch noch der Samen herausgeschossen, alles in das schöne Wasser, und zwar abends um halb neun, als viele Kinder noch nicht zu Bett waren. Vielleicht liegt das Ansteigen der Meeresspiegel gar nicht an der Abschmelzerei der Pole, sondern an der Triebhaftigkeit der Seepocken. Bei meinem letzten Badeaufenthalt kam mir das Meerwasser übrigens recht glitschig vor. Die Insel Sylt wird von Seepockensperma verschlungen werden! Gibt es noch garstigere Vorstellungen? Aber ja! Leihmumien-Analsex. Sex mit Mumien ist ja schon an sich ein Thema, bei dem man sich gern zurückzieht, aber Analsex mit Mumien, die einem noch nicht mal gehören, ist zweifelsohne das letzte. Ich rate allen Lesern, ihre Mumien niemals zu verleihen, denn auch die besten Freunde sind nicht immer ganz aufrichtig, wenn es um ihre sexuellen Vorlieben geht.

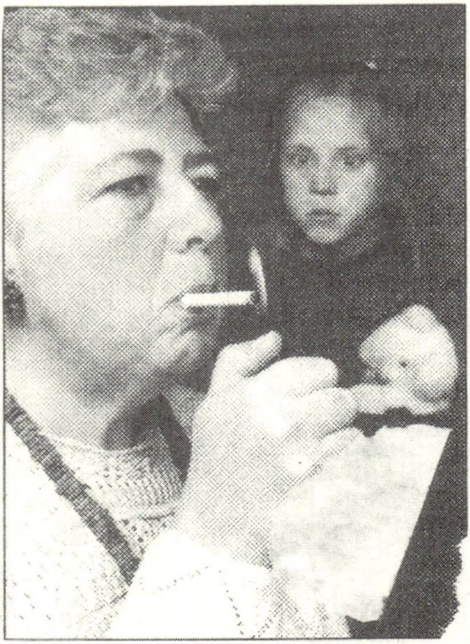

Das Mädchen denkt: Zum gegenwärtigen Zeitpunkt bin ich mir im unklaren darüber, was schlimmer ist. Zu sehen, wie die nahe Verwandte sich physisch zugrunderichtet, oder zu wissen, daß die nahe Verwandte dies in meiner Anwesenheit tut, um mich psychisch zugrundezurichten.

Brillenputztücher

Es sitzen zwei im Park.

MANN Hätten Sie vielleicht mal ein Brillenputztuch?

FRAU Ja bitteschön, bedienen Sie sich. Sie lassen die Brille beim Putzen auf der Nase? Ich nehme sie immer ab.

M Wozu soll das denn bitteschön gut sein?

F Dann kann man auch die Innenseite der Gläser säubern, wo sich das sogenannte Blickfett ablagert.

M Das Blickfett. Nun gut. Ich versuch's mal. Ich hab natürlich ein bißchen Angst, daß ich die Brille falsch putze oder sogar zerquetsche, wenn ich sie abnehme und infolgedessen nicht richtig sehe. Das, was man putzt, will man ja meistens ganz gerne sehen.

F Ja klar, man bindet sich ja auch nicht die Augen zu, wenn man seine Fenster putzt. Was meinen Sie? Putzen Blinde ihre Fenster?

M Da müßte man mal einen Blinden fragen. Aber ich fürchte, das ist so eine Frage, wenn man eine Million Blinde fragt, würde man eine Million verschiedene Antworten bekommen. Fragen wir also keinen Blinden.

F Und putzen Taube wohl ihre Radios? Aber Vorsicht, das ist ein bißchen eine Fangfrage.

M Da fall ich aber nicht drauf rein. Taube putzen nämlich sehr wohl ihre Radios, denn sie sind ja nicht blind und sehen daher die häßlichen Staubmäuse auf ihren Radios.

F Haha, Sie sind doch darauf reingefallen. Taube haben doch gar keine Radios. Die können doch nichts hören.

M Aber sie haben vielleicht einen Sinn für Ironie, vielleicht gar eine heitere Neigung zur Verschrullung des eigenen Gebrechens. Ich bin mir sicher, daß Taube erstens Radios besitzen und daß sie zweitens pfleglich mit ihnen umgehen. Ich glaube sogar, neulich in einem Fachgeschäft für Gehörlose ein großes Sortiment spezieller Radiobürsten gesehen zu haben. Und ich will auch das Phänomen der Synästhesie in Erinnerung bringen. So nennt man es doch, wenn Leute z. B. Farben hören. Gehörlose sind vielleicht in der Lage, Musik, aber auch Nachrichten, Eintrittskartenverlosungen und Wettervorhersagen zu schmecken.

F Sie steigern sich da, glaube ich, in eine Kuriosität hinein. Synästhesie! Wenn es neben den Zeitschriften BRAVO *Girl* und BRAVO *Sport* auch BRAVO *Wissenschaft* gäbe, dann wäre Synästhesie sicher ein beliebtes Thema in BRAVO *Wissenschaft*.

M Oder in ›Peter Moosleitners interessantes Magazin‹. Doch daß Blinde ihre Fenster putzen, glaube ich schon. Nicht für sich selbst, aber für den Besuch. Da kommt ja öfter mal einer vorbei, der was will, z. B. von der Hörspieljury der Kriegsblinden, und der soll ja dann nicht sagen: Wie sieht's denn hier aus?

F Das wäre aber auch eine blöde Frage. Der Blinde weiß doch nur vom Hörensagen, wie es in seiner Wohnung aussieht. Zu dem Thema hab ich mal ein Radiofeature gehört. Wenn ein Sehender einen Blinden besucht, dann geht das nämlich so: Es wird Kuchen auf den Tisch gestellt, und dann nimmt der Blinde seine

Kuchengabel und klopft damit *ping, ping, ping* an seine Kaffeetasse und sagt mit Grabesstimme: »Bitte beschreiben Sie mir mein Wohnzimmer.«

M Mit Grabesstimme?

F Die Grabesstimme habe ich dazuerfunden. Aber die Radiosendung war schon aufschlußreich. Wenn ein Blinder mit einem Sehenden an einer Bushaltestelle steht und plötzlich kommt ein Bus, dann sagt der Blinde zu dem Sehenden: »Ping, ping, ping. Beschreiben Sie mir bitte den Bus.«

M Wissen Sie noch die Farbe der Sitze in den Bussen Ihrer Kindheit?

F Dunkelgrün. Und fanden Sie es auch immer so süß, wenn an einer bestimmten Stelle in der Stadt der eine Busfahrer ausstieg und ein neuer einstieg? Der eine zog seine Jacke an, der andere zog seine Jacke aus, ein kurzes kollegiales Mümmeln, und ruckzuck karacho ging es weiter.

M Ja, das ist auch eine meiner schönsten Kindheitserinnerungen, zusammen mit meinen Erinnerungen an weihnachtliche Toilettenbesuche. Einerseits der totale Ausnahmezustand im Wohnzimmer, das Leuchten, die Nüsse, die Musik, und andererseits nur wenige Meter weiter die ungeschmückte Normalität im Badezimmer, die vom menschlichen Drang nach Höhepunkten unbeeindruckte Kontinuität der Körperfunktionen. Ich habe diesen Stimmungswechsel als Kind immer als sehr dramatisch empfunden, als ereignishafter als die eigentliche Schenkerei, insbesondere die Rückkehr vom kargen Alltag der Toilette in die rituell aufgeputschte Familie.

F Das ist ein bißchen so, wie wenn man nach einer längeren Reise in seine Wohnung zurückkehrt: Die Farben der Möbel erscheinen einem so intensiv leuchtend, und die Zimmer scheinen größer, als sie es sind. Haha, da fällt mir ein: Während meiner letzten USA-Reise kaufte ich mir bei Bloomingdale's eine Sonnenbrille, und zum Abschied sagte die Verkäuferin: »Enjoy your glasses.« Stellen Sie sich mal vor: Genießen Sie ihre Brille!

M Das ist noch gar nichts. Ich habe mir mal eine Packung Einwegrasierer gekauft, da stand auf der Packung: Für viele, viele Genußrasuren. – So. Meine Brille ist jetzt aber wirklich geputzt. Gucken Sie mal: Das Brillenputztuch ist ganz schwarz. Nehmen Sie sich auch bei jeder Brillenputztuchpreiserhöhung vor, sich das Geputze abzugewöhnen?

F Ja, jedesmal – man sitzt im Sessel, wild entschlossen wie der Eiserne Kanzler, aber es dauert nicht lang, und man läuft um den Tisch herum und trinkt literweise Mineralwasser, und spätestens um sechs rennt man runter zum Automaten.

M Wir sind halt alle kleine Sünderlein. Können Sie sich noch an Ihr erstes Brillenputztuch erinnern?

F Ja klar, ich war 16, und das gab's beim Optiker gratis zur Brille dazu. Ich hab's ins Regal gelegt und gesagt: Ich brauch so was nicht. Aber nach drei Wochen sah die Brille aus wie ein Schweinestall, und ich schoß aus dem Sessel hoch und sagte: Mensch, du bist halt auch nur ein Stück Fleisch mit ultraprimitiven Bedürfnissen, und schon stürzte ich mit dem Putztuch auf meine Brille zu und putzte, als ob ich den Allerwertesten im Leibe hätte, ich meine den Leibhaftigen.

M Viele putzen ja die Brille auch einfach an ihrem Pullover ab.

F Ach, schämen Sie sich. Mit dem schmutzstarrenden Lumpen die Brille putzen, das ist doch abstoßend.

M Schweine sind wir doch alle. Nehmen Sie mal alle Brillenträger des Landes, addieren Sie mal sämtliche Brillenputzpausen und stellen Sie sich vor, was für ein enormer volkswirtschaftlicher Schaden dadurch entsteht! Wenn unsereins nicht wär: Der Transrapid könnte schon längst fertig sein. Oder die Gondelbahn zur Gruga-Halle.

F Ach, die hat sich mein Vater immer so gewünscht. Der hat sich immer die Rockkonzerte in der Gruga-Halle angesehen und hat gesagt: Die Rockmusik könnte noch einmal so schön sein, wenn man da mit einer Gondelbahn hinfahren könnte.

M Sie sollten Verkehrsministerin werden.

F Ach, wirklich? So ein schönes Kompliment hat mir noch nie einer gemacht.

M Wollen wir noch ein bißchen spazieren?

F Gern. Wohin wollen wir denn gehen?

M In die Politik.

F Sie sind ja ein Schelm!

Lachend wird das Areal verlassen.

Die zwölf romanischen Gürzeniche

Daß Städte an Flüssen liegen, wird im allgemeinen als reizsteigernd und nützlich empfunden. Man darf aber nicht die Augen davor verschließen, daß es in Deutschland einige größere Städte gibt, die an keinem Fluß liegen, z. B. Bielefeld oder Aachen, was reichlich geheimnisvoll ist. Welcher Teufel die Menschen geritten hat, fernab jeder Wasseranbindung eine Stadt zu gründen, wird wohl für immer im dunkeln bleiben. Eine Sonnenfinsternis, Blitzeis, Durchfall oder ein schlimmer Ausschlag auf dem Rücken der Pferde – irgend etwas, was zum Bleiben zwang, und dann ist man halt klebengeblieben und hat sich so durchgeschlagen. Leicht war das anfangs aber sicher nicht! Woher bekamen diese Leute ohne Fluß ihre Eier, ihre Milch, ihre Wolle? Vor einer Stadt wie Köln kann man leicht den Hut ziehen, aber man sollte bedenken, daß diesen Leuten die Leckereien via Vater Rhein quasi direkt vor die Haustür geliefert wurden. Pilze aus Smyrna, provenzalische Salzlettis, leicht verderbliche Feinkostsalate aus dem finstersten Rußland – die Menschen in Köln brauchten sich nur zu bücken. Man sollte lieber mal vor den Aachenern und Bielefeldern den Hut ziehen, denn die mußten zusehen, woher sie was zu fressen bekamen ohne die Bequemlichkeit der regelmäßig vorfahrenden Feinkostschiffe.

Überhaupt: Köln! Über Köln zerreißt man sich in anderen Städten die Mäuler, und zwar aus gutem Grund.

Eine Stadt sollte ihre fertiggestellten Bauvorhaben so um einen Fluß herumgruppieren, daß an beiden Ufern aufgrund der Innenstadtmieten leider sehr teure Cafés entstehen und die Kaffeetrinker von der einen Flußseite die Cafégäste auf der anderen Seite mit auf Papierflugzeuge geschriebenen sexuellen Anzüglichkeiten erfreuen bzw. brüskieren können. Der Rhein ist aber dermaßen breit, daß man gar nicht erkennen kann, ob die Leute, die auf der anderen Seite sitzen, brüskierenswert sind. Und selbst wenn man mit Hilfe eines Fernrohres am anderen Ufer ein kaffeeschlürfendes Desiderat entdeckt, könnte man mit einem Papierflugzeug nichts ausrichten. Man bräuchte Mittelstreckenraketen, wozu andernorts ein Augenzwinkern reicht. In Köln ist es aber eh so, daß auf der einen Seite gar nichts ist und auf der anderen so gut wie alles, der Gürzenich, der WDR und auch die aus der WDR-Fernsehserie »Die zwölf romanischen Kirchen von Köln«, die der WDR endlich mal wiederholen sollte, bekannten zwölf romanischen Kirchen von Köln, die früher immer nach dem Tatort kamen, was jüngere Leute heute gar nicht mehr parat haben, weshalb ich immer wieder gern fordere, die Serie »Die zwölf romanischen Gürzeniche bzw. Kirchen von Köln« noch einmal zu bringen. Alle zwölf romanischen Kirchen sind auf der einen Rheinseite und alles andere auch, z.B. der WDR und das 4711-Haus, zu dessen Füßen Hunderte von kleinen Schwulenlokalen angeordnet sind, aus denen nachts nicht wenig Gequieke dringt, was aber in den aus der Reibekuchenbude am Hauptbahnhof dringenden Brutzelgeräuschen sowie im Lärm der Lokalkoloritausübenden in den zwölf romanischen Gürzenichen untergeht.

Nur wenig besser ist es in Berlin. Zwar mäandriert die Spree erstaunlich elegant durch Westen und Stadtmitte, und auf beiden Ufern gibt es dann und wann mal was zum Gucken, doch wirkt der Fluß doch sehr eingefaßt. Fremde fragen immer: »Wie heißt'n der Kanal da?« Auch die Breite ist dürftig, aber immerhin kann man dadurch attraktiven Leuten auf der anderen Flußseite zuzwinkern, was auch gerne getan wird. Die Länge wenigstens ist Manns genug, daß es reicht für einmal durch die Stadt hindurch und nicht plötzlich aufhört kurz vorm Roten Rathaus. Bei guten Lichtverhältnissen, Sonnenuntergang beispielsweise, hat die Spree an einigen Stellen durchaus einen gewissen unsensationellen Reiz, wie etwa die Wasserkuppe in der Bergwelt. Man kann wirklich nicht sagen, daß die Spree so elanlos durch Berlin strullt wie die Leine durch Hannover.

Nicht meckern kann man in Dresden. Der Spaziergang, den man vom Blauen Wunder aus (das ist eine schöne alte Brücke) an der Elbe entlang in die Dresdner Innenstadt machen kann, dürfte der schönste Spaziergang sein, der in Deutschland überhaupt durchführbar ist. Schafe, weite Wiesen, schloßartige Villen am Hang, 1 Mirabellenbaum und ein oder zwei Biergärten mit wirklich nur ganz vereinzelten Rechtsradikalen verheißen Augenschmaus ohne Reue. In Hamburg an der Elbe entlangzugehen ist verglichen damit fast schon ekelhaft.

Leipzig hingegen ist auch gar nicht übel. Dieses liegt nicht an einem Fluß, sondern gleich an vieren. An Pleiße, Parthe, Elster und Luppe. Daraus den Schluß zu ziehen, es flössen eigentlich alle deutschen Flüsse durch Leipzig, kann man getrost den Exaltierteren unter den Lokalpatrioten überlassen, aber daß ein Großteil aller weniger bedeutenden Flüsse Leipzig zumindest streift, wird man wohl sagen dürfen. Südlich von Leipzig gibt es auch noch den Fluß Schnauder, und wenn der nicht bei Audigast in die Elster flösse, sondern eigenständig durch Leipzig strömte, würden die Synonymhelden in den Medien alleweil von Leipzig als der Schnauderstadt sprechen. In diesem Zusammenhang kann man sich auch glücklich schätzen, daß Leipzig in bezug auf Schönheit der Konkurrenzstadt Dresden etwas unterlegen ist und sich daher niemand mit dem schmückenden Beinamen Pleiße-Parthe-Elster-Luppe-Florenz herumplagen muß. (Aus Vorkriegswälzern immerhin ist mir der Begriff Pleiß-Athen bekannt, doch der dürfte ja wohl ausgestorben sein.)

Privat sollen die Stars eher frostig sein

Willy Millowitsch ist ein ganz reizender alter Herr. Sollte man meinen. Aber wenn die Scheinwerfer in den Scheinwerferschachteln und die Mikrofone in den Mikrofonetuis verschwunden sind, dann soll er eher gereizt als reizend sein. Jeder wird angerüffelt und angebelfert. Abends trifft er sich mit Industriellen und plant windige Transaktionen in undemokratischen Staaten. Ich kann das leider überhaupt nicht beweisen. Ich hab das mal irgendwo gelesen. Wo, weiß ich nicht mehr.

Heidi Kabel ist auch so ein Fall. Jeder mag sie. Wenn man mal obdachlos wird, ist zu empfehlen, sich im Clubhaus der Heidi-Kabel-Feinde einzumieten. Dort ist immer wahnsinnig viel Platz, denn wer ist schon Heidi-Kabel-Feind? Aber ist sie wirklich so ein grundgütiger Klops von Oma? Ihre berühmteste Rolle kennt mancher noch: Margarinebrotesserin in einem Werbespot für SB-Margarine. Zehn Jahre mag es her sein. Sie saß auf einer Terrasse am Elbufer in Blankenese und schmierte sich SB aufs Brot. Man muß wissen, daß SB eine ziemlich billige Margarine gewesen war und daher mit dem Image einer Billig-Margarine zu kämpfen hatte. Die Margarinechefs ersannen eine Doppelstrategie. Sie erhöhten den Preis und ließen Heidi Kabel beim Brotschmieren sagen: »Man will sich doch nicht irgendwas Billiges aufs Brot schmieren!« Heute wäre dieser Spot wohl nicht mehr möglich. Ein so wenig Adel ausstrahlendes Wort wie »schmieren« würden die Werbeleute nicht mehr zulassen. Man stelle sich nur einen Spot für eine Hautcreme vor, in dem gesagt wird, die Damen sollen sich die Creme *ins Gesicht schmieren.* Darüber hinaus würde man heute jemandem, der im Garten eines pompösen Anwesens sitzt, gar nicht mehr abnehmen, daß er zum Frühstück großflächige Graubrotscheiben einnimmt, mit nichts drauf außer fingerdick Margarine. Heidi Kabel hat man das damals abgenommen: Die dicke Villa hat sie sich hart erarbeitet, nie hat sie eine Probe versäumt, auch wenn sie die ganze Nacht Falschgeld gedruckt hat, ist sie morgens pünktlich zur Arbeit erschienen. So einem disziplinierten Schlachtroß nimmt man auch ab, daß es Margarinebrote frühstückt und nicht Croissants mit Parmaschinken wie normale Leute. In Wirklichkeit ist sie aber ganz anders. Grell zurechtgemacht ist sie jede Nacht auf Piste, gegen fünf Uhr morgens sieht man sie regelmäßig in Szene-Lokalen wie »Heinz Karmers Tanzcafé« oder »Golden Pudel Klub« stehen, wo sie sich von hängeschultrigen Spex-Lesern zu Schnäpsen einladen läßt, bevorzugt zu Korn mit einem Klacks Eierlikör. Dann schreit sie immer: »Das sieht ja aus, als ob einer in warmes Wasser gewichst hat!« Aber wehe, es kommt mal ein armer Schlucker. So wie neulich der Wohnungslose mit Maden im Bein. »Guck mal Heidi, Maden im Bein«, sagte er, und sie soll »Erstens: Für Sie bin ich noch immer Madame Kabel, Herrscherin der Nacht. Zweitens: Igitt!« gesagt haben. Dies ist der wahre Heidi-Kabel-Stil. Sie soll wahnsinnig spröde und zynisch sein, eisige Sarkasmen dringen so unentwegt aus ihrem Mund wie Rauch aus einer vulkanischen Ritze. Wenn man die vulkanische Ritze beim Falschgelddrucken stört, schmeißt sie einen die Treppe hinunter. Sie hat da so eine gewisse Technik, daß es wie ein Unfall aussieht. Fast jede Woche wird eine Leiche von Heidi Kabels pompösem Gelände abtransportiert. In Polizeikreisen tuschelt man zwar bei leiser Musik dies und das hinter vorgehaltenem Fächer, aber man kann dem gerissenen Luder nichts nachweisen. Ich kann ihr auch nichts nachweisen! Es sind alles nur baumelnde Vermutungen und nie dagewesene Behauptungen! Ich würde ganz schön dumm dastehen, wenn jetzt der

Anwalt von Heidi Kabel in seinem Schaustellermercedes angeflitzt käme und sagte: »Beweisen Sie das mal mit den Leichen und vor allem das mit dem Eierlikör!« Beweisen, beweisen, was heißt hier beweisen. Ich hab die Sachen halt irgendwo gehört. Von wem? Ach wissen Sie, man läßt sich doch nicht von jedem, der zufällig beim Fleischer neben einem sitzt, Namen und Adresse geben. Frau Kabel wird ja wohl wissen, was die Leute beim Fleischer so alles erzählen, bzw. sie wird es nicht wissen, weil sie ja blanke Margarinebrote ohne was drauf ißt. Sie weiß auch nicht, daß Inge Meysel eine ultrakonservative Abtreibungsgegnerin ist und auf der Gehaltsliste des Opus Dei steht, was ich auch nicht beweisen kann. Mir kann ja schließlich auch keiner nachweisen, daß mein ganzes fieses Unterstellungsgeflecht eine augenzwinkernde *Satire* auf das deutsche Pressegesetz ist. Ich könnte sagen, zwinker, zwinker, könnte sein, doch beweisen kann mir keiner was.

Ein Mähdrescher mit Bob-Marley-Haaren

– Hallo, Sie sind Historiker, steht auf meinem Zettel.

– Schöner Zettel.

– Wie kamen Sie denn darauf, Historiker werden zu wollen?

– Ich hab mich dafür zu interessieren angefangen, weil bei uns im Mietshaus wohnte eine alte Frau unter uns, die ging schon an Krücken. Die hat mir mal erzählt, daß sie früher gern Schlittschuh gelaufen ist. Erst fragte ich mich natürlich, wie denn, mit den Krücken. Aber dann hab ich überlegt. Meine berufliche Laufbahn ergab sich dann mehr oder minder vollautomatisch.

– Ach so. Und was macht man als Historiker den Tag über?

– Quellen auswerten, Details raussieben, Jahreszahlen auswendig lernen und alles zusammenklamüsern.

– Wie klamüsert man denn, wie Sie das in Ihrem Fachchinesisch sagen, alles zusammen?

– Man sitzt mit einem dicken Stapel alter Biecher auf dem Sofa und schreibt alles, was da drinsteht, auf karierte Zettel, und wenn's dann abends dunkel wird, dann tut man die alle in einen Aktenordner.

– Das klingt ganz schön anstrengend. Wie viele Aktenordner haben sie denn schon zusammen?

– Das weiß ich nicht auswendig. Da müßten Sie meine Frau fragen. Bei uns zu Hause herrscht Gewaltenteilung. Ich mach die Aktenordner voll, und meine Frau zählt sie. Die stehn ja im Wohnzimmer.

– Was erforschen Sie denn gerade?

– Rosa Luxemburg.

– Das ist die mit den Bob-Marley-Haaren, oder?

– Ja, aber darauf darf man sie nicht reduzieren. Darüber hinaus war die ja eine unglaubliche Kämpfernatur. Die hat noch gekämpft, wenn alle anderen schon im Bette lagen.

– Wo, meinen Sie, hatte diese zierliche kleine Person diese unglaubliche Kraft zu kämpfen und zu verändern her?

– Schmorbraten mit Klößen. Das war ihr Leibgericht. Allerdings hat sie immer nur eine Kinderportion bestellt. Mehr hätte sie in ihren zierlichen Körper einfach nicht reinpressen können. Sie wurde damals in sozialistischen Kreisen auch immer schlimm gehänselt dafür. Noch mehr wurde sie natürlich wegen ihren Bob-Marley-Haaren aufgezogen. Das war ja eine völlig andere Zeit damals. Wenn man bloß mal daran denkt, in was für Klapperkisten die damals herumgefahren sind. Da mußteste erstmal ewig dranrumkurbeln vorne. Und dann im Schneckentempo nach Braunschweig oder Holland oder wo man grad hinwollte. Und die Kisten hatten ja überhaupt keine Federung. Was meinen Sie, wie den Zeitgenossen damals der Arsch wehtat, wenn die in Braunschweig ankamen. Mir tut schon der Arsch weh, wenn ich daran denke, wie der Rosa damals der Arsch wehgetan hat. Die hatte doch kaum Polsterfleisch, die halbe Portion. Aber gekämpft hat sie wie ein Mähdrescher. Aber leider eben wie ein Mähdrescher mit Bob-Marley-Haaren. Das fand nicht so viel Anklang in der damals vorherrschenden Pickelhaubenmentalität. Da durfte eine Frau nicht nein sagen oder auch nur anders aussehen. Damals gab es für eine Frau nur »Ja«

oder den Weg ins Wasser. Als Mittelweg vielleicht noch die Ohnmacht. So war das halt früher.

– Ja, aber warum trug sie dann diese Bob-Marley-Haare. Die waren doch damals überhaupt noch nicht modern.

– Naja, das muß man sich so vorstellen: Das war halt damals die Zeit der großen geschichtlichen Frauengestalten, und die hatten alle ihre kleinen Haschmichs und Schrullen. Das findet man auch heute noch bei Übersensiblen oder Sonderbegabten. Sie wollte mit ihrer komischen Frisur wohl auch präventiv gegen den Mief der Adenauerjahre anstinken, den sie als Paranormale herandrohen ahnte.

– Ich verstehe. Und was erforschen Sie als nächstes?

– Wie das kommt, daß sich Frauen die Lippen rot malen.

– Wie lange machen die das denn schon?

– Schon ewig.

– Bißchen genauer?

– Das geht schon lange, das geht runter bis zum Mittelalter bis tief rein in die Barockzeit, Rokoko, Jugendstil, Biedermeier, Bauhaus-Stil, das ging bis weit rein ins 17., 18., 19. Jahrhundert und jetzt ja im Endeffekt auch noch.

– Sie unterscheiden sich ja von den meisten Ihrer Kollegen dadurch, daß Sie nicht so ein, wie man nun mal so sagt, Fachidiot, sind, sondern gleich zwei Fachgebiete haben, Kreidezeit und Nazizeit. Was ist Ihnen persönlich lieber?

– Kreide.

– Darf man fragen, warum?

– Ach, dieses ewige Humtata und Schnätterätäng und Bumsvallera, das ist einfach nicht so meine Kragenweite.

– Ja, wenn man diese furchtbaren Filme aus der Zeit sieht, dann wünscht man sich, es wäre vielleicht besser, ein Tier zu sein als ein Mensch.

– Die Tiere haben es auch nicht alle gut. Sie werden gefressen, der Wald wird abgehackt, dann kommen die verdammten Mountainbiker.

– Stimmt. Noch eine Frage: Nächstes Jahr werden ja neue Steckdosen eingeführt, wo die alten Stecker nicht mehr reinpassen. Weltweit. Fühlt man sich da als Historiker nicht so, daß man am liebsten alles hinschmeißen möchte?

– Nee. Es ist doch immer wieder was Neues gekommen. Denken Sie doch nur mal an die neuen Postleitzahlen. Da ham die Leute auch Zeter und Mordio geschrien, haben sich nackt an die Briefkästen fesseln lassen und was nicht noch alles. Und nun gucken Sie mal heute. Heute wüßte doch kein Mensch, was er ohne die neuen Postleitzahlen den ganzen Tag machen sollte.

– Stimmt. Ja, das war ein schönes Schlußwort. Ich wünsch Ihnen noch viele dicke Aktenordner mit neuen Erkenntnissen.

– Meine Frau freut sich auch schon.

– Das glaub ich gerne.

– Das könnse auch ruhig glauben.

– Tu ich auch.

Der schwarze Wanderbuhpokal

Dumm an Tausendmarkscheinen ist, daß sie oben aus dem Portemonnaie herauslugen. Sie erzeugen auf diese Art Sozialneid. Besser ein dicker Batzen Hunderter. Immerhin sind die Tausender aus irgendwelchen bislang kaum erforschten Gründen beliebter als Fünfmarkscheine. Als das letztemal neue Banknoten ausgegeben wurden, haben sich viele Leute gewundert, daß da wieder Fünfmarkscheine bei waren. Schließlich hatten schon die Münzen den Ruf eines Arme-Leute-Geldes; in der Unterwelt gab es sogar einen Schimpfnamen für sie: Man nannte sie Heiermann. Ein unendlich grober Ausdruck für eine Prostituierte am Ende ihrer Laufbahn war ein Heiermannschlitz. Der Heiermannschein wird von manchen West-Berlinern nach einem als uninteressant geltenden Außenbezirk auch als Spandau-Dollar bezeichnet. Vielleicht war das Nichtabschaffen der Fünfmarkscheine ein psychologischer Akt in der Absicht, von der Teuerung abzulenken. Als in England im Verlauf der achtziger Jahre die Einpfundnoten durch klumpige kleine Münzen ersetzt wurden, gab es scharfe Kritik. Nun würde auch der Letzte wissen, daß die Größe Britanniens dahin, daß das Pfund nichts mehr wert sei. Im ärmeren und noch stolzeren Schottland gibt es aus diesem Grund bis auf den heutigen Tag Einpfundnoten. Ob das die Schotten glücklich macht, weiß ich nicht.

Die Deutschen empfinden zum Großteil kein Glück beim Empfang eines Fünfmarkscheines. Sie wollen das Ding so schnell wie möglich wieder loswerden, schleichen zum Supermarkt, kaufen schnell etwas Streichkäse, bloß raus aus dem Portemonnaie mit dem albernen Spielzeuggeld. Es ist ihnen peinlich, mit einem Fünfmarkschein zu zahlen, es scheint ihnen wie eine zickige Vorführung in einer schwulen Provinzdisko oder als ob sie mit einem lila Hut auf dem Kopf in einem Fahrstuhl voller Staatsanwälte ein Gedicht über Teddybären aufsagen müßten. »Naja, ist ja ein gültiges Zahlungsmittel«, meint die Kassiererin, und man beeilt sich zu sagen: »Es tut mir leid, aber mir hat den auch irgend jemand gegeben.« Die Verkäuferin weiß anschließend nicht, in welches Fach ihrer Kasse sie den Schein tun soll und dreht ihn demzufolge sofort dem nächsten Kunden an. Der Fünfmarkschein ist der schwarze Wanderbuhpokal unter den Geldscheinen, und unter einem schwarzen Wanderbuhpokal sollte man eine Mischung aus einem Buhmann, einem Wanderpokal und einem Schwarzen Peter verstehen.

Nur eine Minderheit empfindet Freude beim Anblick eines Fünfmarkscheines. Diese Menschen schnuppern an ihm wie an einem unerwarteten Liebesbrief, betrachten interessiert das Antlitz der niedlichen Dichterin, welches auf ihm abgebildet ist. Besonders verzückte Naturen heben die Scheine auf und sammeln sie gar in einem kleinen mit Muscheln besetzten Kasten, auf dem zu lesen ist »Erinnerung an Spiekeroog«.

Diese Leute handeln richtig. Wann bekommt man schon mal einen Fünfmarkschein? Ich schätze 5,7 mal im Jahr. Er ist ein seltenes Kinderlachen im düsteren Theater der Finanzen. An diesem Geld hängt keine Schuld. Fünfmarkscheine dürften kaum je das Objekt von Geldwäschern sein, und im internationalen Frauenhandel spielen sie absolut keine Rolle. Fünfmarkscheine sind das perfekte Zahlungsmittel für Babynahrung und Bommeln an der Nachttischlampe. Daß auf der gewaltfreien Insel Spiekeroog alle Leute alles mit Fünfmarkscheinen bezahlen, daß sie dort gar kein anderes Geld haben, ist nicht wahr, doch es ist eine hübsche Vorstellung, die allerdings keinen Trost bietet für die Hinterbliebenen des armen Ristorante-Chefs, der sein Schutzgeld in hundert Fünfmarkscheinen zu zahlen versuchte.

Sie rennen bei Live-Veranstaltungen vor der Bühne herum. Sie zwingen Gewinner von Preisausschreiben, die gewonnenen Geldscheine zu einem Fächer geordnet neben ihr Gesicht zu halten. Sie treiben Prinzessinnen u. ä. in den Tod. Sie sagen: »Spatzl, tu doch mal so, als ob du in die Biergeleeschnitte beißt, damit die Leute sehen, daß man sich Biergelee tatsächlich aufs Brot streichen kann, und halte gleichzeitig das Biergeleeglas hinter das Bierglas, damit die Leute glauben, daß man aus Bier wirklich Gelee machen kann.«

Das Sandwich mit der Dietrich

Jetzt soll ich schon wieder über das Sandwich mit der Dietrich Auskunft erteilen. Allmählich nervt das, immer wieder auf eine so lang zurückliegende und absolut folgenlose Operation angesprochen zu werden. Ich fühle mich fast schon darauf reduziert. Ich habe Universitäten gegründet, war Primzahljäger, bin an Hunderttausenden von Reihenhäusern vorbeigegangen, aber immer heißt es: Ah, der mit dem Sandwich unter dem Eiffelturm. Sogar im Brockhaus steht über meine Person nichts außer folgendem: *Zusammen mit seinem Kumpel Keiler »Beule« Stopfer soll er die Dietrich direkt unter dem Eiffelturm gesandwicht haben, und das, was lediglich der Makabrezza halber hier eingefügt werden wolle, noch zu Lebzeiten der Diva.*

Was soll denn das mit: zu Lebzeiten? Logo zu Lebzeiten. Keiler und ich waren definitiv *bad boys,* wir ließen untenrum *niemals* etwas anbrennen, wir hatten *immer* den Finger am Abzug, wir waren *wirklich* anmaßend, echte Confrères und Cross Bomber. Das heißt aber noch lange nicht, daß wir eine Leiche gesandwicht hätten. Okay, wir kannten Typen, die so etwas taten, wir tranken jede Nacht mit solchen Typen, aber »Wes Trank du trinkst, des Lied du singst«, das galt in diesem Falle nicht.

Es war September 1985. Wir hatten gerade ein schönes Täßchen Kaffee getrunken, und für die Sonne war Erbarmen ein böhmisches Dorf mit sieben Siegeln. Wir hatten enorme Beulen in der Hose, echte Repräsentationsbeulen. »Das ist Rock'n'Roll«, sagten wir, und so war es, Mädchen, es waren knallharte Rock'n'Roll-Beulen, die sich in unsern mit Whiskyflecken übersäten Ready-Steady-Go-Hosen wölbten. »Mir platzt gleich der Samenleiter«, brüllte Keiler in seinem schrecklichen rheinischen Dialekt über den Boulevard, und eine Gruppe von deutschen Gymnasiasten, die eben noch in großer Lautstärke über die Gerechtfertigung des Preisunterschiedes zwischen stehend und sitzend getrunkenem Bier stritt, versank in Apathie. »Dann laß uns zum Eiffelturm gehen«, schlug ich vor. »Yeah, Confrère, möge dort das Sperma aus uns heraussprudeln wie aus einem modernen Brunnen.«

Wir konnten kaum gehen, denn unsere Ständer waren hart wie südafrikanische Industriediamanten, und laß dir das versichern, Mädchen, südafrikanische Diamanten sind härter als Rock'n'Roll in der Hölle. Der Weg zum Eiffelturm war weit. Zwischendurch tranken wir immer wieder ein schönes Täßchen Kaffee. Als wir beim Turm ankamen, waren unsere Herrenunterhosen schon ganz eingeglibbert mit Vorfreudeschmier, welcher den Ständer flutschig macht. Da sahen wir die Dietrich. Sie saß auf einem Memoirenstapel in der Mitte des Platzes und starrte unentschlossen vor sich hin.

»Los, die sandwichen wir!« rief Keiler. »Mann, die ist mindestens 80 Jahre alt!« wandte ich ein. »Scheiß drauf! Sie ist eine Legende!« brüllte mein Kumpel und zog mich zu der Alten hin. Also sandwichte man die Legende. Die Diva gab keinerlei Senf dazu ab. Abschließend und wie zu erwarten war, sprudelte das Sperma stilsicher aus uns heraus wie aus dem modernsten Brunnen von Paris, und glaube mir, Mädchen, Paris hat sehr moderne Brunnen. Das Bemerkenswerteste bleibt aber, daß von den Tausenden von Leuten, die in den vier Fahrstuhlschlangen standen, keiner irgendein Aufhebens machte. Niemand hat auch nur hingeguckt. Die Leute dachten vermutlich, wir gründen die Universität von Padua oder bombardieren das chinesische Verteidigungsministerium. Der Rummel kam ja erst viel später, als Keiler durch sein Fachgeschäft für medizinische Peitschen berühmt wurde und mit der Sandwicherei in Talkshows herumprahlte. Ich bin so unglaublich weit weg von alldem.

ICH WILL KEINE (SIC!) SCHOKOLADE, ICH WILL LIEBER EINEN MUND (SIC!).

Die Beatles in New York

Die Beatles, die Beatles, die Beatles
wohnen in New York
denn dort pulsiert es ständig
und sie haben es nicht weit
zum legendären Star-Club
Dort packen sie ihre Banjos aus
wie unsereins sein Butterbrot
und rocken bis zum Morgengrauen
und die gute Susan Sonntag
mit Drogen vollgepumpt
deklamiert dazu
ihre brillanten Essays

Leider krabbeln dabei Küchenschaben
an ihren Beinen empor
Schaben so groß wie Schildkröten in Deutschland

Manchmal jettet auch Liz Taylor an
um U-Bahn-Waggons mit Haarspray zu besprühen
Diese Waggons werden dann ganz schnell bei Sotheby's
für die Aids-Hilfe versteigert
(warum auch nicht)

Aber auch die Beatles (›Save your kisses for me‹)
spenden, was viele nicht wissen
fast ihre sämtliche Habe
an die Aids-Hilfe
(warum auch nicht)

Das einzig doofe an New York
sind die gigantischen Küchenschaben
Nur wenn der sogenannte Fünfte Beatle, Woody Allen
mit seiner Klarinette kommt
laufen sie weg
(warum auch nicht)

Leider kommt Woody Allen nur selten nach New York
denn er wohnt in Los Angeles
wegen des Nebels, des Tees und des geduldigen Anstehens
an den Bushaltestellen

Die Aschenbechergymnastik

Nun gut, ich erzähl's. Doch ich bin kein Fachmann in Sachen Aschenbechergymnastik. Gerade weiß ich mal so viel: Sie geht auf Maria Schlenz zurück, das war die mit den »Maria-Schlenz-Bädern«, das waren badekundliche Wannenbäder, die man sich so vorstellen muß: Man lag in der kalten Wanne und ließ warmes Wasser nachlaufen bzw. umgekehrt: man lag in der *kalten* Wanne und ließ *warmes* Wasser nachlaufen. Soviel zu Maria Schlenz.

Maria Schlenz war Schwarzwälderin, sie wurde dort Anfang des Jahrhunderts geboren, also zu einer Zeit, als es noch sehr viel Industrie im Schwarzwald gab. Die Luft war übel, die Frauen sahen aus wie ausgekotzt, was schon die noch ganz kleine Maria wurmte. Die Frauen hatten auch stark ekzembefrachtete Brüste – das ist ja auch heute noch eines der letzten Tabus aus dem körperlichen Bereich: Die Brustverpickelung bei jungen Frauen zwischen 18 und 25 Jahren, insbesondere 25 Jahren. Das liegt an den hormonellen Fehlschüben in diesem Lebensabschnitt. In Herrenmagazinen sieht man indes nur glatte, gelblich-bräunliche, »normale«, unverpickelte Brüste. Für die Fotosessions wird den Frauen nämlich feuchtes Löschpapier auf die Brüste gebügelt, und dann wird das mit hautfarbenem Kunstspray aus der Dose fixiert. Daher der von den Tatsachen seltsam abweichende Eindruck, den man gewinnt bei Betrachtung der fotografierten Frauen.

Maria Schlenz war aber keine Frau des Symptomewegbügelns. Sie experimentierte mit den Frauen. Ermunterte sie, mit einer Knoblauchzehe zwischen den Brüsten zu schlafen oder ein Kehrblech mit brennenden Nadeln durch das Schlafzimmer zu tragen. Brennende Tannennadeln gab es zur Genüge im Schwarzwald, aber sie halfen nicht groß. Mehr Früchte trug da schon das Verfahren, sich die Brüste nach einem ausgeklügelten Stundenplan mit der Zahnbürste eines Homosexuellen abzuklopfen. Einen kleinen Durchbruch aber brachte erst die Aschenbechergymnastik. Das hatte nichts mit Rauchen zu tun. Es ging um leere gläserne Aschenbecher normalen Gewichts, es kamen also keine von diesen schweren Stammtischaschenbechern zur Anwendung, und für die Frauen hieß es nun, die Aschenbecher rhythmisch auf dem Körper auf und nieder zu schieben bei leiser Musik oder zu Paukenschlägen. Das führte zwar zu guten Erfolgen, aber die Schulmediziner schlugen die Hände über dem Kopf zusammen, woran Maria Schlenz mehrere Jahrzehnte später, kurz vor ihrem Tod, innerlich zerbrach.

Man fragt sich natürlich, was Maria Schlenz, dieses kleine »balneologische Wunderkind«, mitten im Schwarzwald mit Zahnbürsten von Homosexuellen am Hut hatte. Die dortigen Homosexuellen sind doch auch damals schon in die Metropolen gepilgert, um da was auszukundschaften, vor allem nach Berlin. Dort zog es sie in die Grünanlagen, und weil sie ja vom Schwarzwald her die Geräusche der Tiere alle kannten, fingen sie an, das Röhren der Hirsche nachzuahmen. Wenn also im Tiergarten oder in der Jungfernheide ein Hirschröhren zu hören war, dann wußten die Männer, ah, da ist einer wie ich, der die gleichen Empfindungen hat, ich gehe mal in dessen Richtung und überprüfe das. Wegen der allgegenwärtigen Hirschlaute sprach man auch von den »Röhrenden Zwanzigerjahren«, eine Bezeichnung, die in ihrer englischen Übersetzung als »roaring twenties« noch ungemein populär wurde.

Plüsch

– Huch! Ich bemerke soeben, daß plötzlich eine Tiefseeplüschtierpflegeexpertin neben mir sitzt. Na gut, dann interview ich die eben mal schnell. – Welche militärische Leistung bewundern Sie am meisten?

– Den Zweiten Weltkrieg.

– Kurze, normale Antwort, schön! Was für Zukunftspläne haben Sie?

– Ich möchte ein Buch über die Vergangenheit schreiben.

– Das darf man so interpretieren, daß Sie in der Vergangenheit leben.

– Nein, in der Gegenwart.

– Ach so, Gegenwart. Ist auch eine Möglichkeit. Aber früher haben Sie doch in der Vergangenheit gelebt ...

– Nein, früher habe ich in der Zukunft gelebt. Früher dachte ich: Gestern wird die Menschheit was essen. Heute denke ich: Morgen hat die Menschheit gekotzt.

– Aber Tiefseeplüschtierpflegeexpertin werden Sie ja wohl in der Vergangenheit geworden sein. Wie wird man das denn?

– Also, das kann ich Ihnen beim besten Willen nicht beantworten, ich bin ja lediglich eine ganz normale Plüschtierpflegeexpertin. Ganz falsch ist das mit der Tiefsee allerdings auch nicht. Immerhin bin ich Hobbyschnorchlerin.

– Ach so, Sie schnorcheln! Adenauer soll ja Rosen gezüchtet haben.

– Ja, davon hab ich auch gehört. Recht hübsche Rosen sogar.

– Ja, häßlich waren die nicht direkt.

– Davon hab ich auch schon gehört.

– Aber wo Sie hier schon mal so schön sitzen, könnten Sie mir doch eigentlich mal eine Frage beantworten: Wie wird man eigentlich Plüschtierpflegeexpertin?

– Da hat mich mein Vater reingerodelt.

– Ihr Vater ist auch Plüschtierpflegeexpertin?

– Mein Vater ist tot.

– Wow, Fettnäpfchen, das tut mir ungemein sorry. Wie kann ich das wieder gutmachen? Wollen Sie ein **Hanuta**?

– Ein **Duplo** würde ich nicht von der Bettkante stoßen, aber **Hanuta** lehne ich prinzipiell ab.

– Oh, ein **Duplo** hab ich leider nicht im Studio. Ich husche aber gerne rüber in die Radiokantine und hole Ihnen eins.

– Und das Radioprogramm? Wenn Sie weggehen, dann kommt doch gar nichts im Radio.

– Wieso denn? Sie können doch den Leuten in der Zeit, wo ich Ihnen das **Duplo** beschaffe, erzählen, wie Sie zur Plüschtierpflege gekommen sind.

– Ach so! Das interessiert Sie also gar nicht persönlich!

– Aber natürlich interessiert mich das!

– Ja, wieso, wenn Sie hier im Gebäude rumrennen, während ich Ihre Fragen beantworte, scheint Sie's ja eher nicht zu interessieren.

– Das scheint nur so. Aber okay, ich hole Ihnen kein **Duplo**. Eher würde ich Sie verhungern lassen, als mir auch nur eine Silbe aus Ihrem Munde entgehen zu lassen.

– Das höre ich natürlich gerne. Also, Plüschtierpflege: ein Ausbildungsberuf ist das nicht. Man muß halt massig Einfühlungsvermögen haben, gut zuhören können, hübsches Gesicht und Fremdsprachen können auch nicht schaden.

– Wie fühlt man sich als Plüschtierpflegeexpertin?

– Ach, wissen Sie, ich bin jetzt 50, und ich habe mich noch nie so wohl gefühlt wie jetzt, wo die Kinder aus dem Haus und die Eltern tot sind. Ich gehe das Leben jetzt gelassener an, muß auch nicht mehr nach jedem Männerhintern greifen, der meinen Weg kreuzt, kann auch einfach mal dran vorbeigehen und ganz für mich eine Tasse Kaffee genießen ohne Zwang. Ich meine damit nicht, daß Sexualität für mich jetzt ganz unbedeutend geworden ist, aber ich muß mich nicht mehr jede Nacht von einer Basketballmannschaft durchorgeln lassen.

– Durchorgeln? Den Begriff kannte ich noch gar nicht. Ich kenne nur durchfiedeln.

– Das kenne ich nun wieder nicht.

– Es gibt schon komische Wörter, nicht? Als Kind dachte ich immer, das, was man mit einem Staubsauger macht, hieße sauben. Ganz logisch eigentlich: sauber saugen = sauben.

– Ja, das ist hübsch. Nachdem Sie mich nun schon gefragt haben: »Wie wird man Plüschtierpflegeexpertin?« und: »Wie fühlt man sich als Plüschtierpflegeexpertin?« müssen Sie mich eigentlich der journalistischen Vollständigkeit halber noch fragen: »Was macht eine Plüschtierpflegeexpertin, wenn sie abends nach Hause kommt?«

– Das ist eine gute Idee: Was macht eine Plüschtierpflegeexpertin, wenn sie abends nach Hause kommt?

– Können Sie die Frage noch mal wiederholen? Ich hab sie akustisch nicht verstanden.

– Okay. Was macht eine Plüschtierpflegeexpertin, wenn sie abends erschöpft und abgearbeitet nach Hause kommt?

– Unterschiedlich. Mal mache ich meine Pogymnastik, mal färbe ich meinen Poncho, und manchmal pflege ich natürlich auch meine privaten Plüschtiere.

– Womit wir mitten im Zentrum des Geschehens sind. Wie hab ich mir das vorzustellen? Was nimmt man für Mittel? Mach ich das mit Teppichschaum, mit Benzin, mit Glyzerin, mit Lebertran?

– Alles falsch! Insbesondere Lebertran. Es ist leider zur Zeit fürchterlich Mode in bestimmten Kreisen, Plüschtiere mit Lebertran zu ruinieren. Mein Wartezimmer quillt über von verheulten Zeitgenossen, jedweder Altersstufe übrigens, mit lebertrangetränkten Hasen und Bären. Dabei ist die Pflege von Plüschtieren ganz einfach: Man muß sie nur schütteln.

– Wie stark? Wie lang? Wie oft?

– Einmal täglich ein paar Minuten reicht. Theoretisch wäre es ideal, die Figuren einmal pro Stunde zwei Sekunden lang zu schütteln, aber wer kann sein Leben schon so vollständig um die Plüschtierschüttelei herumorganisieren.

– Haha, das kann wohl kaum einer. Auf Wiedersehen.

– Auf Wiedersehen!

Leichte Mängel

Leichte Mängel wirken oft leicht erotisierend. Abstehende Ohren z.B. Wenn jemand mit abstehenden Ohren einen gesellschaftlichen Höhepunkt aufsucht, fallen alle schönen Frauen umgehend in Ohnmacht. Der Betroffene selbst mag das vielleicht gar nicht so hinreißend finden und darauf hinweisen, daß sich mit ohnmächtigen Menschen, insbesondere ohnmächtigen Frauen, schlecht tanzen, flirten und romancen läßt, aber für einen Außenstehenden ist es einfach toll.

Oder stottern. Ein netter Mensch, der leicht stottert – wenn man einer solchen Person zuzuhören Gelegenheit hat, bekommt man eine ganz angenehme, zarte Haut, so als ob man sich mit einem sehr guten Körperöl eingerieben hätte. Was kann es Schöneres geben, als mit einem stotternden jungen Schweizer an einem knackenden Kamin zu sitzen und einen Videorekorder zu programmieren.

Oder wenn jemand Türkisch spricht. Man mag nun einwenden, daß es nicht gerade ein Mangel ist, wenn jemand Türkisch spricht. Normalerweise sicher nicht. Aber bei einer Japanerin? Da hat man sich in jahrzehntelanger Abendkurspein die japanische Sprache draufgeschaufelt, und dann trifft man endlich einmal eine Japanerin, und die spricht dann ausgerechnet türkisch. Das ist dann schon leicht ärgerlich, aber auch leicht erotisch.

Oder frühzeitiger Haarausfall. Ich kannte mal einen jungen Mann, der hatte dermaßen viel Testosteron in seinem Körper, daß sein Haupthaar sich bereits zu lichten begann, bevor sein Bartwuchs voll ausgeprägt war. Dieser junge Mann hatte ein sehr schweres Leben, was allerdings nicht an seinem Haarausfall lag. Eines Tages ist diesem jungen Mann während einer Bootsfahrt durch Heidelberg auch noch sein Briefkastenschlüssel in den Neckar gefallen, worauf sein relativ schwieriges Leben sich auf noch unangenehmere Weise fortsetzte.

Sie hat geschafft, wovon Millionen andere nur träumen: die Sprachlosigkeit zu überwinden.

Kleine Szene mit Fräulein Schunder

Einige nachlässig gekleidete Menschen an einem offenem Grab.

INTENDANT Sie war eine nette Kollegin. Jeder sagte zu ihr »Hallo« im Flur. In der Kantine setzte sich fast jeder gerne an ihren Tisch. Es setzte sich kaum einer absichtlich an einen möglichst weit entfernten Tisch, vielmehr steuerten viele Kollegen direkt auf sie zu, wenn sie mal da saß, was aber selten der Fall war, denn sie verabscheute das Kantinenessen. Es ist ja auch wirklich schlecht. Vielleicht ist es ungewöhnlich, so etwas in einem solchen Moment zu erwähnen. Aber Friedchen Moorman hat immer gesagt: Bloß keine Heuchelei auf meiner Beerdigung. Die Leute sollen Rockballaden hören und lachen, von mir aus auch über mich. Wer das Bedürfnis hat zu sagen, ich sei keine gute Schauspielerin gewesen, der soll das ruhig machen. Das hat Friedchen immer wieder gesagt. Unvergeßlich bleibt uns auch ihre kleine Wohnung. Das Sofa mit den viel zu vielen bestickten Kissen. Wenn man sich auf das Sofa setzen wollte, mußte man erst mal die ganzen Kissen irgendwo anders hintun, sonst konnte man gar nicht sitzen. Es gab immer reichlich Cashewnüsse. War die Packung alle, wurde ohne großes Getue eine zweite geöffnet.

Nun ist unser Friedchen ihren letzten Weg gegangen. Leider, muß man hinzufügen. Sie hatte sich gerade in ihr Hedda-Gabler-Kostüm gezwängt, da rief sie: »Schnackelchen, mir ist heut so schwiemelig im Kopf.«

Schnackelchen ist unsere alte Garderobiere Gertrude Schnackenburg.

Und schon lag das Friedchen auf der Erde. Alle kamen

aus den Nachbargarderoben herbeigerannt, um niederzuknien und ein letztes Mal an ihrem verbrauchten Körper herumzurütteln.
Nun trauern wir um eine Künstlerin, die zwar, da wollen wir, ganz im Sinne der Verstorbenen, nicht groß am Grab herumlügen, keine Maßstäbe gesetzt hat, die aber im großen und ganzen eine ganz ordentliche Kollegin war.
Bevor wir nun mit dieser gelben Plastikschaufel, die ich vorhin ein bißchen am Rande der Legitimität der Kindervorstellung »entliehen« habe, Erde in das Loch da werfen, möchte ich allen noch sagen, daß a) die geplante Ausflugsfahrt nach Memel und Tilsit trotz des Todes von Friedchen Moorman wie geplant vonstatten geht und daß wir b) ergriffen sind von dem Dahinscheiden unserer von den meisten doch zumindest respektierten älteren Kollegin.
Herr Langgässer, stellen Sie bitte die Rockballade an. *Rockballade ertönt (Bon Jovi).* Wir stehen nun also mit »vollendeter solidarischer Inbrunst« – Friedchen selber mochte diesen etwas mißlungen ironischen Ton gerade in peinlichen Situationen – in einer Reihe mit Professor Moorman, der nun zum drittenmal seine Ehefrau zu begraben hat. Friedchen war seine dritte. Manch ein Mann, einer, der nicht gut aussieht z. B., wäre auf dem Totenbett froh, wenn er in seinem Leben mit so vielen Frauen geschlafen hätte, wie Sie bereits begraben durften, oder taktvoller ausgedrückt, mußten.

PROF. MOORMAN Durften ist nicht unrichtig. Ich bin froh, daß ich immer dabeisein durfte bei jedem Begräbnis. Bei meiner zweiten Frau war ich ja auf einer Reise in den Senegal, als es passierte, das lief alles telefonisch mit den Begräbnisfeierlichkeiten, und dann hätte ich fast meinen

Flieger versäumt wegen eines Fluglotsenstreiks, aber irgendwie bin ich dann doch noch geflogen, eine Odyssee war das, über Kairo und Paris, ich bin dann in buchstäblich letzter Minute mit heraushängender Zunge und falsch geknöpftem Mantel auf dem Friedhof angekommen.

INTENDANT Ein bißchen makaber ist das aber auch.

PROF. MOORMAN Makaber würd ich nicht sagen.

INTENDANT Naja, okay, makaber ist vielleicht etwas dicke.

FRAU SCHNACKENBURG An den falschgeknöpften Mantel kann ich mich noch gut erinnern. Das hat mir als altgedienter Ankleidehilfe einen richtigen Stich versetzt. Da fragt man sich natürlich: Bei einem Mantel mit gerade mal drei Knöpfen – muß das wirklich sein? Bei einem Teekleidchen mit dreißig winzigen Perlmuttknöpfen hätte ich gesagt, das kann schon mal passieren nach so einer langen Flugreise, wo man zigmal auf die Toilette muß, allein schon wegen des ungewohnten Essens, aber bei einem einfachen Übergangsmantel?

PROF. MOORMAN Schnackelchen, auf Ihr Verständnis lege ich so viel Wert, daß ich Ihnen verspreche, beim nächsten Mal in einem Teekleidchen mit dreißig Knöpfen aufzukreuzen.

Heiterkeit.

INTENDANT Da haben wir ja endlich das, was sich Ihre Frau gewünscht hat, daß es auf ihrer Beerdigung lustig zugehen möge, daß die Menschen tanzen und trinken, statt Betretenheit zu heucheln. Nun wollen wir aber Erde werfen, hier ist die Schaufel – die Dornröschen-Aufführung wird heute mal ohne auskommen müssen – im Originalmärchen kommt meines Wissens sowieso keine gelbe Schaufel vor. Wollen Sie vielleicht den Anfang machen, Fräulein Schunder, unsere naive Blonde.

Frl. Schunder Ja, gerne. Ich nehme die Schaufel an mich.

Intendant Sie würden übrigens auch ein phantastisches Dornröschen abgeben.

Frl. Schunder Ich danke für die lobende Erwähnung durch einen ausgekochten alten Theaterfuchs. Ich habe die Schaufel an mich genommen. Ich hab das Friedchen übrigens sehr gemocht. Und die vielen Kissen auf ihrem Sofa, da stand ein jedes für ein kleines persönliches Geheimnis.

Intendant Das ist jetzt aber ehrlich und keine Heuchelei, will ich hoffen.

Frl. Schunder *verlegen* Nein, ich fand sie wirklich sehr gut, auch als Schauspielerin. Sie hatte darüber hinaus etwas, was man in unserer Branche nur selten vorfindet: menschliche Aufrichtigkeit.

Betretenheit.

Intendant Nun scheint uns also dieser Betroffenheitssound dieser unser aller ach so glühend heiß geliebten Gutmenschen wieder eingeholt zu haben. Ich hatte eigentlich gehofft, den hätten wir aus unserer intellektuellen Landschaft ein für allemal rausgeprügelt.

Frl. Schunder Friedchen hat auch nie gesagt, daß an ihrem Grab getanzt und gelacht werden soll. Sie wollte, daß man sich ihrer als eines ernsthaften Menschen erinnert, und Rockballaden konnte sie nicht ausstehen.

PROF. MOORMAN *reißt Frl. Schunder die Schaufel aus der Hand, stößt sie beiseite* Ach, was wissen Sie denn! Wo kommen Sie überhaupt her? Was reißen Sie hier das ungewaschene Maul auf? Friedchen und ernsthaft! Lachen und tanzen sollen die Menschen, das hat sie immer gewollt, das will doch jeder, daß die Leute bunte Sachen tragen und Lederjacken und Ballonmützen an seiner Beerdigung, daß da nicht rumgeschnulzt wird in geliehenen Fräcken. Los, Friedchen, altes Haus, hier hast du Erde, nun vermodere lustig und grüß schön den Jim Morrison von den Doors, hörst du, und die Mama Cass von den Mamas und den Papas, hörst du …

Heiterkeit. Frl. Schunder ist schon gegangen und wechselt die Branche. (Prostitution?)

Eine Insel am Rande Europas

Den ARD-Weltspiegel mit der lange unverwüstlich geglaubten, inzwischen aber doch rigoros modernisierten Titelmusik sehe ich gern, denn da erfährt man auch mal etwas, was über den Sport- und Katastrophenklatsch der Nachrichtensendungen hinausgeht, z. B. daß die Neapolitaner das neue Jahr willkommen heißen, indem sie brennende Sofas aus dem Fenster werfen. Auch über abgefahrene Länder fern der Korrespondententrampelpfade wird berichtet, über Uruguay, Laos oder gar den Niger. Die Weltspiegel-Redaktion scheint eine gewisse Vorliebe für öde und verdorrte Gegenden zu haben; von Staubschwaden umtanzt, stehen Journalisten in kurzärmeligen Hosen vor Fassaden grandioser Karstigkeit. Aus heimeligen Waldlandschaften wird selten berichtet. Theoretisch müßten die Weltspiegel-Leute den **Tschad** lieben. Doch man berichtet nicht über den Tschad. Niemand tut das. Ich kenne keinen, der auch nur einen angeheirateten Halbbruder von jemandem kennt, der schon mal im Tschad war. Ein riesiges Land, das nichts als Achselzucken hervorruft. Im Länder-Lexikon steht, daß es im Tschad keinen Tourismus gebe, keine Bäume, keine Straßen – nur ein paar Erdnüsse und ein bißchen verdammte Baumwolle. Vermutlich auch noch aus China importierte Holzkohle, Eierpappen, Bastuntersetzer und ca. elf defekte Billigventilatoren. Die ohnehin schon wenigen Menschen haben noch weniger zu essen. Tina Turner will übrigens die Schweiz verlassen, weil ihre Nachbarn zuviel grillen. Guter Grund! Aber der Tschad? Den gibt's überhaupt nicht. Beschwipste Kartografen haben sich den ausgedacht, und alle Welt macht den Schwindel mit. Ich will lieber über ein anderes Land berichten.

Es ist eine Insel wenige hundert Kilometer westlich der Linie zwischen Portugal und Irland, die irgendwie nie richtig entdeckt wurde. Man spricht dort ein leicht verbogenes Deutsch mit extrem vielen Lispellauten. Manche Ausdrücke sind charmant, das Wort für Urin ist »Kammerlauge«, wobei dies nun vielleicht ein schlechtes Beispiel sein mag, weil gerade in diesem Wort überhaupt kein Lispellaut drin vorkommt. Ein anderes Wort ist Schnittlauch. Es beginnt mit einem Zischlaut und endet mit einem Krächzlaut, d. h. wenn einer einen Schnittlauchquark zubereiten möchte, muß er erst einmal in einen Laden gehen und zischen und krächzen. Leider ist auch dieses Wort ein schlechtes Beispiel, weil Schnittlauch bei uns ja genauso heißt. Das ganze Jahr herrscht eine Temperatur um 17 Grad, weil das für Menschen die beste Temperatur zum Arbeiten ist. Die vier Jahreszeiten sind in vier Schuppen am Strand untergebracht. Jeder arbeitet viel. Weihnachten ist unbekannt, auch an Geburtstagen schenkt man einander nichts. Die Leute machen einander nie direkt Geschenke. Sie stellen aber Sachen auf die Straße, z. B. eine kleine Marmorwippe. Man muß sich rasch entfernen, wenn man etwas auf die Straße gestellt hat, denn man darf auf keinen Fall denjenigen sehen, der das Geschenk aufhebt. Der Finder muß die Marmorwippe weiterverschenken, und zwar an eine von ihm unabhängige Person, die erfreut sein muß, aber nicht dankbar sein darf. Es ist halt ein ziemlich anderes System als bei uns.

Das System ist eine Diktatur, aber eine Zuckertopfdiktatur. Der Alleinherrscher ist nämlich ganz okay, er geht abends in Kneipen und spielt mit den Leuten Bierdeckelschnapsen oder »Spitz paß auf«. Oft packt er auch seine Soundkarte aus und trägt relativ anspruchsvolle Lieder vor. »Ein Alleinherrscher muß immer auch ein bißchen Alleinunterhalter sein«, meint er augenzwinkernd. Das ist ein Ton, der beim Volk gut ankommt. Hinterher pennt er bei irgendeinem Untertan auf dem Ausziehsofa. Er hat zwar einen Palast, aber er meint, da falle ihm abends immer die Decke auf den Kopf. Deswegen ist jeder Bürger verpflichtet, ein Ausziehsofa und eine Garnitur frischer Herrenunterwäsche bereitzuhalten, für den Fall, daß der Alleinherrscher mal kommt. Tagsüber ist er natürlich schon in seinem Amtssitz zugange und denkt sich neue Einschränkungen aus, die vom Volk im großen und ganzen akzeptiert werden. Mault mal einer, dann sagt der Alleinherrscher: »Wenn wir keine Einschränkungen mehr machen, dann werden wir enden als ein Land, in dem Leute auf Fahrrädern durch den Wald rasen und wo es in fünfzig Wohnungen nach Bratwurstbude riecht, nur weil ein einziger Mieter auf seinem Balkon Würste grillt. Wollen wir in solcher Charakterlosigkeit verschwinden?« Das wollen die Insulaner natürlich nicht, denn sie sind allesamt relativ nachdenklich und hochalphabetisiert, das liegt am Tagebuchschreiben, was Pflicht ist im Land. Die Tagebücher werden am Jahresende von einem Mototöff mit einem Greifarm vornedran eingesammelt, sie kommen in die Nationalbücherei, und theoretisch darf jeder Bürger die Tagebücher eines jeden anderen Bürgers einsehen. In der Praxis macht das aber kaum einer, was an der Atmosphäre gegenseitigen Vertrauens liegt, die über dem ganzen Staatswesen schwebt.

Über die gesamte Insel erstreckt sich ein fast schon übertrieben dicht wirkendes Netz von Naturlehrpfaden.

Gearbeitet wird bis 58. Die Rentner werden unglaublich freundlich behandelt. Sie bekommen alles umsonst, auch ganz viele Blumensträuße, und es wird ihnen eine reichhaltige Sexualität geboten. An ihrem 64. Geburtstag sterben die Menschen. Jeder Insulaner lebt exakt gleich lang. Oberflächlich grausam, aber irgendwie auch gerecht. Jeder hat die gleiche Zeit. Man muß halt was draus machen. Manchmal mekkern die Untertanen ein wenig. »In anderen Ländern trägt man dem Umstand Rechnung, daß manche Leute erst spät ihre wahre Bestimmung entdecken. Manche immatrikulieren sich mit flotten 70 an der Uni.« – »Stimmt!« meint der Alleinherrscher. »Aber in anderen Ländern gibt es auch Mißgunst und mangelnde Naturverehrung. Wir sind doch allesamt vernarrt ineinander und in die Heimat als Ganzes. Ich habe nächtelang wachgelegen und mir den Kopf darüber zerbrochen, wie ich gleichzeitig wahnsinnig autoritär und unheimlich sensibel sein kann, und bislang fand ich die Formel ›Gleiche Lebensdauer für alle‹ einfach einleuchtend: nicht perfekt, aber eben besser als alles andere.« – »Ja schon, irgendwie hast du recht«, meint nun ein Untertan, »aber guck doch mal die anderen Länder. Da wird auch immer gesagt, die Demokratie sei nicht perfekt, aber es gäb halt nichts Besseres, und was passiert in den Ländern? Die Menschen sind unaufmerksam und verschnöden in allen Bereichen.« Eine Untertanin ergänzt: »Verschnödung ist das richtige Wort. Zeigt man z. B. in Deutschland jemandem eine Arbeit von Rilke, dem größten Dichter des Jahrhunderts, dann wird der Deutsche sagen: ›Okay es ist schrill, okay es ist schräg, aber leider ist es nicht witzig.‹ Andererseits haben sie dort auch gute Sachen, z. B. hochmoderne Copy Shops, in denen man, wenn man ein Foto von seiner Oma hat, die auf dem Klo sitzt, sich das auf eine Tasse drucken lassen kann.«

Der Diktator bedankt sich für die offenen Worte, allerdings würden ihm jetzt die Ohren glühen vor so viel Bürgergespräch, er wolle aber mal den Taschenrechner hervorbuddeln zu Hause und schauen, ob die Staatsfinanzen es nicht vielleicht doch zulassen, im nächsten Jahr die Lebenserwartung um ein Jahr anzuheben.

Es gibt einen Nationalfeiertag. Der macht sich aber nur dadurch bemerkbar, daß im Radio den ganzen Tag lang greuliches Cellogeschrummel kommt. Das überlebt man.

Ernste Krankheiten gibt es auf der Insel schon lange nicht

mehr. Der 1a-Zustand der Volksgesundheit wurde durch »experimentelles Abschaffen und eventuelles Wiederanschaffen« erreicht. Man schaffte z. B. das Fernsehen ab und verbot das Sporttreiben, mit Ausnahme von rhythmischem Hüpfen, Armeschwenken, privaten Ballspielen und leicht sexualisierten Raufereien. Das bewährte sich. Wenn eine neue Bestimmung mal keinen Erfolg nach sich zog, dann scheute man sich aber nicht, sie rückgängig zu machen. Nach dem Verbot der Popmusik fingen immer mehr Menschen zu husten an, und dann liefen zum allgemeinen Verdruß auch noch die Köpfe blau an. Man hat die Popmusik rasch wieder zugelassen und statt dessen die klassische Musik verboten, was unerwarteterweise binnen weniger Jahre zu einem völligen Verschwinden aller piesackenden Wehwehchen führte. Niemand hätte überraschter davon sein können als der Alleinherrscher selber. »Tja, es ist eben durchaus nicht das Verkehrteste, völlig sinnlos erscheinende Maßnahmen zu ergreifen und einfach mal zu gucken, was dann so passiert«, hatte er vergnügt gedacht und seinen Bademantelgürtel fester gezurrt.

Wer nicht 64 Jahre alt werden möchte, hat immerhin eine Möglichkeit: Sie oder er kann zu den Schuppen mit den vier Jahreszeiten fahren und in einen von ihnen hineingehen. Darin vergeht man. Die Schuppen sind aber mit öffentlichen Verkehrsmitteln wahnsinnig schlecht zu erreichen, man muß zweimal umsteigen, und dann wackeln die Busse stark; Rauchen oder Wurst essen darf man auch nicht in ihnen, noch nicht mal die vegetarischen Ersatzwürstchen der Firma Tartex. Deswegen fährt fast nie jemand zu den Schuppen.

Der Diktator ist nach dem Gespräch mit den Bürgern noch sehr nachdenklich geworden. Das Nachdenken über die Erhöhung der allgemeinen Lebenserwartung hat er allerdings verschieben müssen, da die Batterien seines Taschenrechners leer waren. Statt dessen denkt er ein wenig über Rilke nach, nach dem alle Schulen seines Landes benannt sind, auch über die Oma auf der Tasse, nimmt sich ein Glas Mineralwasser-plus-Schwarze-Johannisbeer-Auszüge-Mix, denn Bier ist alle.

Er hätte doch wirklich ein bißchen mehr einkaufen können. Da fällt ihm ein, daß er eigentlich noch nie morgens aufgewacht ist und gedacht hat: »Ach, hätte ich doch gestern zwei Bier mehr getrunken!« Immer nur umgekehrt. Der Alleinherrscher ruft nun, von Gedanken aufgemuntert, seinen Fahrer an und fragt ihn, ob er schon mal morgens mit dem Gedanken aufgewacht wäre: »Ach, hätte ich doch gestern abend zwei Bier mehr getrunken!«

Der Fahrer verneint das, aber er habe noch einen Kasten Bier, ob er noch vorbeikommen solle. Der Fahrer kommt vorbei, und beide Männer stimmen darin überein, daß es einfach herrlich ist, Alleinherrscher bzw. Alleinherrscherchauffeur in einem Land mit nur 13 700 Einwohnern zu sein, das irgendwie keiner kennt. Es wird beschlossen, morgen ganz bestimmt früh aufzustehen und Batterien zu kaufen, zum Prüfen der Lebenserwartung.

Nachwort

Nach neun Jahren habe ich meine Kolumne im Monatsmagazin ›Titanic‹, die anfangs nur für ein Jahr geplant gewesen war, eingestellt. War es überhaupt eine Kolumne? Und was ist eine Kolumne? Ein eigenes literarisches Genre ist sie nicht, eher eine publizistische Darreichungsform. Eine Kolumne ist ein regelmäßig wiederkehrender Meinungsbeitrag außerhalb der redaktionellen Einflußnahme. Meine Texte erschienen regelmäßig, redaktionelle Einmischungen gab es zumindest in den letzten acht Jahren keine – aber Meinungsbeiträge waren sie keineswegs alle, und wenn doch, dann vertrat die Ich-Figur nicht selten Ansichten, die sich von denen des Autors unterschieden. Kolumnen können sich in Tageszeitungen, Magazinen, im Hörfunk und sogar im Fernsehen ereignen – überall wo Journalismus ist, kann auch Kolumne sein. Die ›Titanic‹ jedoch ist gar keine journalistische Veröffentlichung. Im Gegenteil: Man macht sich dort über Journalismus lustig, und da ich meine, daß dies genau das ist, was man mit Journalismus machen sollte, hat es mir bei der gewiß oft allzu derben ›Titanic‹ auch immer gut gefallen. Ich kam mit allen gut klar. In einem journalistischen Umfeld hätte ich meine Kolumne, von der ich nicht sicher bin, ob man sie als solche bezeichnen kann, nur ungern veröffentlicht.

Da ich Texte der Sorte »Kolumne« auch immer eher uninteressant fand, hatte mich wohl eine gewisse Ironie am Wickel, als ich begann, meine Beiträge so zu bezeichnen. Kolumnen sind ja etwas Furchtbares! Ihre Verfasser sind zu faul, sich etwas auszudenken, und schreiben daher über die vom Geschehensfluß anscheinend zwingend vorgegebenen *Kolumnistenthemen,* deren aufdringliche Präsenz den Haß der Medienhasser miternährt. In den letzten zwölf

Monaten sind dies gewesen: Tamagotchi, Tod von Prinzessin Diana, »Flussschifffahrt« (Rechtschreibreform), Elchtest, »Ich habe fertig«, Guildo Horn, Viagra. Ich habe auch gehört, daß Kolumnisten ihre Themen oft mit der Redaktion absprechen – ein Verfahren, das dem Sinn und der Tradition des Mediums Kolumne zuwiderläuft. Ich verlangte von mir, selbst was zu finden. Bizarrerweise wurde dann von anderen stets behauptet, ich würde über »Alltagsthemen« schreiben. Ich jedoch weiß: Über den Alltag schrieben jene, die über Prinzessin Diana schrieben. Alltag ist heute das, was einem aus den Medien entgegenströmt, und nicht die Welt individueller Aufmerk- und Empfindsamkeit. Neben der Wir-schmunzeln-über-Viagra-Sorte von Kolumne gibt es auch noch jenen Typus, in dem die Autorinnen (dieser Typus ist meist von Frauen) ihre »Freundinnen« (Leser) an die Hand nehmen und von Frau zu Frau mal ganz vertraulich besprechen, was »uns« (also wir, die Frauen) an »ihm« stört, daß er überall seine Sachen hinschmeißt und seine Bürotasse nicht abwäscht und daß er weiße Socken zu Sandalen trägt, daß so was ja eigentlich gar nicht geht, aber süß sind sie ja nun einmal, so knuffig und schnuckelig und so ein süßer Knackarsch, ei, daß er bloß keine Undesigner-Unterwäsche trägt, keine Liebestöter, denn dann sieht unser kleiner Westentaschenmacho-Knackarsch ja gar nicht mehr süß aus – und die Leserinnen schreiben ihrer Kolumnistin dann, daß sie genau dies auch denken würden, aber nie in der Lage wären, das zu formulieren: Westentaschenmacho-Knackarsch! Herrlich! Wie man auf so etwas nur immer kommt!

Seit ungefähr zehn Jahren quellen aus den Frauen der Welt Kolumnen, in denen die Schäden, die von seinen »kleinen Schwächen« angerichtet werden, von den Freuden, deren Auslöser sein »süßer Arsch« ist, wiedergutgemacht werden – es will und will kein Ende nehmen. Dazu ist zu sagen: Wenn Männer Texte schreiben würden, in denen steht: »Ja, sie schmiert zwar immer ihren Lippenstift in die Handtücher, aber sie hat ja diese herrlichen Brüste«, dann würde man sie arg lächerlich finden. Warum legen Kolumnistinnen bloß so großen Wert darauf, wie Büromäuse auf Rummelplatzausgang zu wirken? Werden wir je das Ende des postfeministischen Männerarsch-Journalismus erleben?

Vor einigen Jahren gab es in der Illustrierten ›Stern‹ eine ganze Riege von Damen, die wie zweckverkehrt eingestellte Staubsauger Edelmuschi/Edelmutti-Meinungsschmand absonderten, Paula und Elfriede, und dann noch irgendwelche Nachnamen – ich weiß nicht mehr genau. Sie schrieben die grauenvollsten Kolumnen der Welt. Ob sie noch aktiv sind, weiß ich auch nicht. Vielleicht sind sie ja schon tot. Qualvoll verendet, im Straßengraben. Oder aber friedlich entschlafen. Ich will so höflich sein zu hoffen, daß die Damen ohne unerträgliche Schmerzen von uns gegangen sind. Ich bemerke gerade, daß meine Abneigung gegen das Genre der Kolumne so groß ist, daß es Schlimmeres noch als Ironie gewesen sein muß, was mich am Wickel hatte, als ich es zuließ, daß man meine Aufsätze als Kolumnen bezeichnet: Da scheint ja Masochismus im Spiel gewesen zu sein.

Sicher gibt es auch ganz tolle Kolumnen, in Gartenzeitschriften, Finanz- und Wirtschaftskolumnen. Doch die kann ich nicht beurteilen. Von denen, die ich beurteilen kann, gibt es nur eine, die ich schätze und für vorbildlich halte, und zwar diejenige von Robert Löffler, der unter dem nom de plume *Tele-Max* im ansonsten anspruchslosen und rechtspopulistischen Wiener Boulevard-Blatt ›Neue Kronen-Zeitung‹ mehrmals in der Woche kurze Betrachtungen veröffentlicht, deren stilistische Feinheit und thematische Autarkie auch unter klassischen und hochgeschätzten Feuilletonisten ihresgleichen suchen. Er ist ein sehr anständiger Mann, der niemals in Talkshows herumsitzt, und sollten sich Fans anschicken, ihn kennenzulernen, wird deren Begehren abgelehnt. Ich habe es selbst erleben dürfen. Respekt! Ein echter Souverän. Kann mir gut vorstellen, daß er es gar nicht billigen würde, in einem Zusammenhang gelobt zu werden, in dem zuvor von Edelmuschi/Edelmutti-Meinungsschmand die Rede war. So etwas würde er nie schreiben! Ich ja normalerweise auch nicht, aber wenn es mal passiert, dann jubiliert die stolze Zwiebel in der Hand des Pontius Pilatus, nicht wahr? Es gibt die Tele-Max-Kolumnen auch in Buchform, aber nicht in Deutschland, und in Österreich auch nur, wenn man Glück hat. (Wenn man in Österreich ist, vielleicht mal nachfragen, ob es den Band »Liebe Leute« von Tele-Max im Verlag Niederösterreichisches Pressehaus noch gibt. Titel und Verlag klingen etwas abstoßend, aber der Inhalt ist für Aufmerksame immerhin *very, very special.*)

Ich selber habe meine »Kolumnen« gelegentlich als Aufsätze bezeichnet, nicht um damit an Schulaufsätze zu erinnern, sondern als eine der möglichen Übersetzungen des englisch-französischen *Essay.* Würde ich mich selber als Essayist bezeichnen, wäre das wohl inhaltlich nicht wirklich falsch, aber es wäre nobeltuende Schleimsprache. Also sag ich Aufsatzschreiber, das ist genau das gleiche, klingt aber weniger kulturbeflissen im Zahnarztgattinnensinne. Ähnliches könnte man über den Begriff Cartoonist sagen. Viele, insbesondere jüngere Zeichner mögen diesen Begriff nicht und bevorzugen die Bezeichnung Witz- oder Comiczeichner. Nicht, weil zwischen einem Cartoonisten und einem Witzzeichner ein ohne Wenn und Aber klar darlegbarer Unterschied liegt, sondern weil Cartoonist so sehr nach *was Besserem* klingt. Es ist einfach ein Outsider-Begriff, verwendet von Leuten, die *nicht zur Szene* gehören, so wie Leute von außerhalb der Szene, über die sie reden, auch eine Lesbe als Lesbierin bezeichnen, einen Punk als Punker und ein Tonstudio als Plattenstudio. »Man« sagt einfach nicht so. Andere sagen so. Ein arger Outsider-Begriff scheint inzwischen auch der *Satiriker* zu sein. Für sehr viele derer, die von anderen so genannt werden, ist diese Bezeichnung ein absolutes Brechmittel. Man bevorzugt neutralere Bezeichnungen, Schriftsteller z. B., oder wenn unbedingt auf eine Einengung Wert gelegt wird, Humorschaffender etc. Satiriker jedoch – das sind uncoole Opas. Die in Deutschland bekanntesten Satiriker sind Ephraim Kishon und Gabriel Laub. Der erste der beiden schreibt, soweit ich mich entsinne, immer chronisch Augenzwinkerndes über die böse Bürokratie und daß Frauen Menschen sind, die das Geld ausgeben, welches ihre Männer verdienen. Fucking Opa Shit. Den kürzlich verstorbenen Gabriel Laub lernte einmal eine Freundin von mir kennen. Zum Ende ihres Gespräches holte er einen Stapel Visitenkarten *aus seiner Gesäßtasche,* auf denen stand:

GABRIEL LAUB
Satiriker

Satiriker sind also Leute, die für die ›Bild‹-Zeitung schreiben und Visitenkarten mit dem Aufdruck Satiriker in der Gesäßtasche tragen. So einer möchte man natürlich nicht sein!

Zumal ja wirklich nicht jeder, der Betrachtungen mit humoristischer Tendenz schreibt, ein Satiriker ist. Manche sind auch Humoristen oder, noch besser, schreibende Menschen mit Humor. Es gibt ein Dutzend spezialisierter Germanistikprofessoren in Deutschland, die wie aus der Pistole geschossen den Unterschied zwischen einem Humoristen und einem Satiriker nennen könnten, inkl. sehr unkomischer Beispiele aus dreihundert Jahre alten Büchern, und daß der Humorist sogar das genaue Gegenteil eines Satirikers sei, werden sie auch sagen. Schön und gut und sicher richtig. Zu dumm aber erstens, daß diejenigen, die aktiv »so was« machen, sich für Theorie nicht interessieren (es ist wirklich ein wenig dumm!), zu dumm zweitens, daß außer den paar Profs kein Mensch genau weiß, was ein Satiriker eigentlich ist. Im allgemeinen, laienhaften Sprachgebrauch ist ein Satiriker wohl so eine Art *besserer* Humorist, einer, der über *wichtigere* Themen (politische!) *kritischer* schreibt, oder, wie die im Kulturteil lokaler Tageszeitungen Rezensionen schreibenden Zahnarztgattinnen nicht müde werden, sich auszudrücken – *bissiger*. Man kann sich durch einen Wust überlieferter Satire-Definitionen quälen, die einander teilweise widersprechen, teils selbst »satirisch« gemeint und häufig uralt sind und mit den Gegebenheiten zeitgenössischen Humors überhaupt nichts mehr zu tun haben. Bemüht man gar die Etymologie, landet man bei einer Obstschale und wird völlig blöde. Man sollte sich von einem Begriff, der seine Konturen verloren hat, trennen. Satire hat heute den Beigeschmack von Tanzkapelle, Handkuß und Sanella – toter Kram, weg damit.

Bestätigung für meine Auffassung, daß ich kein Satiriker bin, erhielt ich einmal von einer Gruppe »autonomer«, wie Cats-Katzen angemalter Frauen, die vor einer Lesung gegen meine Person gerichtete Flugblätter verteilten. In diesen hieß es, daß ich kein Satiriker sei, weil Satire stets auf der Seite der Schwächeren stünde. Diese am Wesen des Gegenstandes seltsam vorbeimenschelnde Definition haben sie wohl aus einem Schulbuch der DDR übernommen. Wo es keine Schwächeren bzw. nur ganz wenige gab und demzufolge auch keine Satire bzw. nur ganz wenig.

Von Belang ist der Begriff Satire heute allenfalls vor Gericht. Es ist die in juristischen Kreisen verständliche Bezeichnung für eine Form von Humor, der man künstlerische Freiheiten zuzugestehen hat. Satire *darf* also ein bißchen mehr als bloßer Humor.

Manchmal werde ich erstaunt gefragt, wieso ich mich denn nicht als Satiriker empfinde. Da ich keine Lust habe, auf diese Frage immer wieder ausführlich zu antworten, habe ich mir eine Art Esprit-Sprüchlein, einen Aphorismus zurechtgelegt: »Satiriker wollen der Gesellschaft einen Spiegel vorhalten. Gesellschaften sind aber wie Tiere: Sie erkennen sich im Spiegel nicht.«

Von mit Humor arbeitenden Autoren der Generation vor der meinigen, also von den heute etwa Sechzigjährigen, wurde manchmal bedauert, daß ihre Werke in den Feuilletons keine Berücksichtigung finden würden. Das hat sich geändert. Heute wird berücksichtigt, was das Zeug hält. Dies wiederum bedauere ich. Wenn ich sehe, mit was für einer Ignoranz und Albernheit die Werke des eigenwilligen Künstlers Helge Schneider selbst in als Zwingburgen des geistigen Lebens geltenden Medien besprochen werden, dann befürworte ich eine Rückführung der humoristischen Kunst in subkulturelle Nischen, oder auch, wenn es nicht anders geht, in den vom »geistigen Leben Deutschlands« unbeachteten Kommerz. Es fehlt dem »geistigen Leben« das Wissen, die Aufmerksamkeit und das Vokabular. Es operieren Leute, die nicht mal den schlichten Unterschied zwischen einer Parodie und einer Travestie wissen. Das Thema »Humor« ist komplex und unübersichtlich. Es ist nicht für jeden! Leider ist es niemandem möglich zuzugeben, daß er sich von Humor überfordert fühlt, denn der Humor hat sich, wie ich bereits anderntags ausführte, zum Statussymbol Nr. 1 der Postmaterialisten entwickelt. Ähnlich unbeholfen ist unsere Publizistenclique nur, wenn es um moderne Popmusik geht. »Er war fasziniert von der Techno-Szene und ihren brachialen Breakbeats«, las ich neulich irgendwo. Und Roger Willemsen sagte in seiner Show zu der Sängerin Deborah Harry: »Sie haben in Ihrer Musik oft sehr Ungewöhnliches gemacht, z.B. Rap mit HipHop kombiniert.« Als Krönung muß hier noch ein inzwischen schon fast legendäres Zitat aus der ›Braunschweiger Zeitung‹ genannt werden: »Zur Love Parade in Berlin werden eine Million Rapper erwartet.«

Das Geschnatter würde ich gern mal hören. Weniger interessant wird das Geschnatter, das der widerwärtige Heyne-Verlag auf die Rückseite der Taschenbuchausgabe dieses Buches drucken wird. Ich bin nicht prinzipiell gegen Taschenbücher. Zwar sind Hardcover überhaupt nicht zu teuer – im allgemeinen kalkulieren die Verleger eher knapp –, aber es gibt auch arme kleine Studentlein etc. Auch die wollen drei- oder viermal jährlich in den Urlaub fahren, da sind 30 oder 40 Mark für ein richtiges Buch natürlich viel zu teuer. Für die gibt's die billigen Wabbelcover-Ausgaben. Aber muß man die Taschenbuchausgaben so vulgär gestalten? Den Buchtitel verstümmeln? Die Autoren auf der Rückseite mit stumpfsinnigen Pressezitaten verhöhnen? Die Branche insgesamt ist eine der stoffeligsten. Man schaue sich nur mal an, wie hausbacken und unelegant für Bücher geworben wird.

Zum Schluß muß hier ein drittes Mal die Zahnarztgattin aufkreuzen, weil sie eben gar so penetrant ist und überall hingeht. (»Sie ist nur 1 % des Publikums, doch sie stinkt wie 50 %.«) Kommt neulich ein besonders grausliges Exemplar nach der Lesung zum Signiertisch. Lallt schon etwas, hat tüchtig getankt. Mit Geschmeide zwar behangen, aber legt mir Taschenbuch hin. Das Studentlein kann nicht wissen, was die Kulturbeflissenheitsfregatte wissen sollte: Daß man Autoren keine Taschenbücher zum Signieren hinlegt. Arztfregatte kreischt mich an: »Schreib rein: Für mein Mausi!« Um einigen an der anderen Seite des Tisches stehenden, bereits kichernden »Fans« eine Freude zu machen, verdrehe ich die Augen und ziehe die eindrucksvollsten Grimassen. Zahnarztgattin merkt das nicht, ist zu blöd. Ich schreibe meinen Namen in ihr Buch. Sonst nichts. »Er schreibt's nicht, er schreibt's nicht«, schreit die Frau nun irgendeiner in der Nähe stehenden Begleitperson zu. Anschließend legt mir das Weib seinen Arm um die Schulter und tätschelt mich. »Weißt *du*«, quakt das Wesen, »was ich mir von *dir* in

Zukunft wünsche: Ein bißchen mehr Biß.« Dem Weibe kann geholfen werden, denke ich, befreie mich von ihrem Zugriff und sage: »Würden Sie bitte ihr Alkoholproblem woanders ausdünsten?« Das ist ihr dann aber zuviel »Biß«. Sie krakeelt so sehr, daß sie jemand »hinausbegleiten« muß.

Für diese Sorte Mensch gibt es doch wirklich ein unendlich breitgefächertes kulturelles Angebot. Harald Schmidt und der übrige bissige Durchschnitt. Müssen diese Leute denn auch noch in meine Veranstaltungen kommen und ausgerechnet das von mir fordern, was ich an der Fernsehunterhaltung so abstoßend finde?

Fahrt zur Hölle, Personen, die ich meine!

Max Goldt, 10. 7. 1998

Editorische und biographische Notiz

Die 13 letzten Kolumnen wurden allmonatlich von Januar 1997 bis Januar 1998 im Satiremagazin ›Titanic‹ veröffentlicht und erscheinen hier erstmals versammelt und in vom Verfasser überarbeiteten Fassungen. Kolumne 106 war allerdings nicht rechtzeitig zum Heftschluß fertiggeworden. An seiner Stelle erschienen damals die Texte »Der schwarze Wanderbuhpokal« und »Eine Insel am Rande Europas«. Kolumne 106 erscheint somit in diesem Buch das erste Mal! Die beiden Ersatztexte sind daher in den »some other stuff« genannten zweiten Teil des Buches gerutscht, welcher aus zum Zwecke des Vortrags geschriebenen Texten aus den Jahren 1995 bis 1998 besteht, die hier erstmals zu sehen sind. Lediglich der Text »Die Beatles in New York« aus dem Jahre 1993 erschien bereits 1997 in gezeichneter Form. In diesem Buch erscheint er auf ausdrücklichen Wunsch des Lektorats.

Max Goldt, geboren 1958. Bildet zur Zeit mit Stephan Winkler das Musik-Duo NUUK (letzte CD: »Nachts in schwarzer Seilbahn nach Waldpotsdam«, 1998) und zusammen mit Stephan Katz das Comic-Duo Katz und Goldt (letztes Buch: »Koksen, um die Mäuse zu vergessen«, 1998).